ロックウィット出版

松本博逝

人格を磨くすすめ（人間関係改善）

目次

はじめに

　この本はどのようにしたら魅力的な人格を持てるのだろうかという質問に答える為に書きました。そして、私は人生の中で生きてきて、その中でなぜこの人は非常に魅力的に感じてしまうのだろうとよく考えてきました。この本はその集大成です。

　又、私自身も素晴らしい人間になりたくて努力はしていますが、まだその途上です。皆さんは人格者になりたくないですか?もし、人格者になれば人生を生きていく上であなたも得をしますし、あなたと交際する人々も得をします。つまり、お互いに利益があるわけです。

ですから、魅力的な人格は力です。その力を身につけ、素晴らしい人間関係を構築し、正しい世界を実現する為にこの本を読んでいただきたいです。

ここはメモ欄とさせていただきます。何か勉強になった事はメモをして、後で読み返すと復習になります。

メモ欄

第1章　人格の未熟な人間と高い人格を持つ人間（人格者）

第1章　人格の未熟な人間と高い人格を持つ人間（人格者）

様々な経験から人格者を考察する

私は人生の経験の中で様々な人間を見てきました。コンプレックスから人の欠陥や失敗を口にしないと自分のコンプレックスを解消する事ができない人間や人を許す事ができず、白黒をはっきりさせ、自分がルールと考える事に違反すれば自分の立場をわきまえる事なく激怒する人間。又、優しく、人への気遣いも上手く、良い人でありながらも、ちょっとそういう事を計算して自分が利益を得たいという人間まで。ここでは書く事ができないくらいの人間を私は見てきました。その様々な人間観察を通じて私はこの章で人格の未熟な人間と高い人格を持つ人間について記述します。

本来は高い人格を持つ人間を説明する以上は「人格」という言葉の定義を書く方が良いと思いますが、それは話の中心になり、ここでそれを記述すると話があまり楽しくなくなりますので、後のお楽しみとしてとって置きたいと思います。（笑）ここでは「人格」という言葉は皆さんが常識的に感じる、道徳のある人だとか、優しい人だとかそういうような意味でとっていただいても意味は十分に理解できます。私が考える「人格」という言葉にもそういう意味も多分に含まれておりますので、ただ、後で深い意味を付け加えたいと思いますが。では、マイワールドに招待します。さあ始めましょう。

人格の未熟な人間がなぜ高い人格を持つ人間を装うのか？その理由は？

高い人格を持つとは人からの尊敬を勝ち取るという事です。人からの尊敬を勝ち取ると、人から優しくされるし、人から助けてもらえるし、他人に自分の主張や意見や命令等もしやすくなります。

おまけに、そこには権力というものが発生するのです。高い人格を持つと言う事は他人に強い影響力を行使する事ができるのです。人々は高い人格の持ち主には無意識に意見を肯定する傾向があります。○○さんのいう事なら正しい。◎◎さんの言う事なら自分が間違っていると思う事でも実は正しいかもしれないとか、☆☆さんが言うなら、その顔を立てようとかいう感じです。逆に未熟な人格の持ち主でみんなに嫌われている人ならば、○○の言う事ならば正しくても正しいと言いたくない。なんとか蹴落としてやりたい。◎◎の言う事ならば自分が間違っていると思うのならば絶対に間違っている。なんとかそれを理由に蹴落としてやりたい。☆☆が言うなら、その顔に泥を塗って蹴落としてやりたい。

これらを考察すると、人格が高いか低いかで得られる利益は明らかです。こういった利益があるからこそ未熟な人間が高い人格を装う事があるのです。又、権力は地位と金を生みます。言い換えるならば、高い人格は会社での高い役職に関係し、収入に繋がります。

どのような人間が高い人格を持つ人間を装うのか？

結論からいうと、高い人格を装う人間はきまってある程度上位の知能があり、経験も持っているという厄介な人間です。馬鹿では装う事などできないです。馬鹿は目先の利益しか考えられません。目先だけの強欲な商売をしている大人はいつかその報いをうけるでしょう。目先だけで自分のわがままを暴力でかなえようとしている子供はいつかその報いをうけるでしょう。目先の利益だけを考えて自分の人格の価値を暴落させる人間はいつの時代にもいます。人間は悲しいことに目先の利益に非常に弱いです。目先の利益に囚われず、将来の利益と目先の利益を調整できる人間はそんなに多くはないです。目先の利益だけに囚われて行動するのは簡単です。思考はあまりいらないです。ただ感情のままに欲に溺れてこれが欲しい、俺が正しいと思い込んで行動するだけで十分です。

しかし、経験の積んだある程度上位の知能の高い大人は逆の行動をとります。目先の一万円より、三年後の百万円を選びます。そしてそれをする為には判断する知能（つまり、忍耐する時間の不利益と得られる利益を比較し、どちらが利益を得られるか判断できる高度な知能等）、現在の欲望を我慢する感情抑制能力（つまり、一万円で飲み屋に行くのを我慢し、三年後の百万円を待つ忍耐力やそのような目先の利益に飲み込まれない鈍感さ等）がないと難しいです。

つまり、判断する知能と現在の欲望を我慢する感情抑制能力が結びついた結果、利益の為の自己客観視能力（自分の欲望を自分が正当で正しいものと思っていても、他人はそう思っていないし、そう思わない他人の価値観をある程度認める事で利益を得る行為）が生まれます。そして、世界というのは非常に複雑です。世界は自分と同じ考え方の人間だけではないです。世界は様々な考え方の人間で溢れています。政党では、自民党、民主党、共産党。公明党等と様々な党で溢れかえっています。宗教ではキリスト教、仏教、神道等の宗教で溢れかえっています。人の考え方や感情は違うものです。ただ同質の考え方、感情で派閥やグループを形成しやすい為に人間は考え方が同じであると誤解しやすいのです。さらに日本人の島国根性の為に社会では異質の人間を排除する傾向があるので仕方ないかもしれません。それは日本人が大好きな「みんなが思うから私も思う」のような個性を否定し、集団に自己を埋没させるという行動が発生する原因になります。

　利益の為の自己客観視能力を具体的に例えれば、腕白で体が大きく、気も強い子供がまわりは正しいと思っていないのに自分は力を持って強いのでそれが正しい証拠で正義の証拠だ。だから、何でも許されると確信し、すべての同級生から暴力で物をとりあげるような子供はそれがありません。つまり、利益の為の自己客観視能力とは「自分が何を正しいと思うかではなくて人が何を正しいと思うかを察知し、その他人の正義をある程度認める事で利益を得る行為」です。そして、自分が絶対正しいという感情は強い感情です。これを抑えるのはなかなか難しいです。その為には正義の客観化という作業が大切になってきます。

　わかりにくくなりましたので更に具体例を使用して説明したいと思います。例えば腕白で体が大きく、気も強い子供はまわりが正しいと思っていないのに自分は力が強いのでそれが正しくて、正義の証拠だと思っています。しかし、自分の正義は徹底的に客観視しなければならない。だから他人の正義と同等のものでそれ以上のものではない。（自分で書きますが恐ろしい子供だ。こんな子供がいたら怖いわな。笑）だから、すべての同級生の物を力で奪うのではなく、ここで多数の同級生にあわせれば、人格者の装いができる、長期的には有利だ。力で物を奪うのはクラスで嫌われている少数の人間だけでいい。狙える奴を狙え。もし、そうすれば少数の嫌われている人間を攻撃する事で多数の同級生からの人望も得られる。つまり、自分の正義と人の正義を徹底的に客観視でき、自分の正義に捕らわれる事なく行動できる事が重要になってくるのです。

人格の未熟な人間はいつ・どこで高い人格を持つ人間を装うのか？

彼らも人間なのでいつも・どこでも装うのは疲れるはず。装うのは会社の中だけかもしれないし、サークルの中だけかもしれない。少なくとも権力や地位や金を得られる場所が中心と考えられます。中には殆ど利益に関係ない友人集団で装う人間もいます。しかし、殆どは利益が得られる場所を中心にして未熟な人間は装っています。特に顕著になるのは会社で言えば上司、学校で言えば先生や親の前ではないでしょうか？権力や地位や金等が得られるのに利用できる人を狙い撃ちにしています。彼らの基本的なスタンスは頭が良い分、効率主義的な部分が考察されるので、疲れることを嫌う傾向があります。

集団もたびたびターゲットになります。集団へのアプローチは特定の個人よりも多数に影響があります。特定の個人間では態度は理由もなく悪い場合もありますが、集団に対応する時には態度が変化します。集団は効率的に自分の良いイメージを形成する為に役立つのを知っているからです。人格が未熟な人間の本性が現れる時は特定の個人間です。高い人格を持つ人間を装う必要のない人達と接触する時です。

最後に特殊例を記述しますが、利益関係がない友人にも人格者を装う人間を説明します。彼らはもう高い人格を装う事がまったく苦にならなくなっている時が多いのです。もしかしたらこのタイプが一番怖いかもしれないです。彼らは演技をする事が好きなのです。そして、演技をしている自分も好きなのです。だからいつでもどこでも高い人格者を装い続けます。そして、最後に本当にそうする必要がない時にがらりと本性が出る時があります。彼らは演技する事に酔っています。このように賢く生きていける自分が好き、こういう中でこういう態度をするのが好きだと酔っています。

そして、非常に重要な事ですが、人格の未熟な人間が人格者を装う時には装うべき人間と装う必要のない人間によって（ひどい事をされ憎しみを感じるなどの正当な理由もなく）、態度が変わるという傾向があるのは明白です。しかし、現実世界では未熟な人間でも徹底的に未熟な事は殆どありません。ですから態度が豹変するというよりはある程度変化するという行動になりがちです。やっぱり世の中には徹底的に悪人も善人も殆どいないというのが本当です。おまけに大きく態度が豹変するにはリスクも大きい事を理解している人格の未熟な人間も多い為に、リスク軽減（あまりにも態度が変わると人格を疑われるし、悪い噂も流れやすく、人の憎しみを買う為にきわめて不利益になる事が多い）の本能も働くのです。

私の経験から、学校の生徒等の経験の少ない子供や非常にレベルの低い大人は徹底的に態度を豹変させるリスクをあまり深く理解していないように感じます。人間の本能的な性質だと思われますが、相手にプラスの印象を与える効果から発生する利益よりも、相手にマイナスの印象を与える効果から発生する不利益の方が大きいように感じます。例えば会社で半数の人間に親友のように好かれているが、残りの半数には親の仇のように嫌われている場合と別に誰からも嫌われる事もなく、好かれる事もない場合でしたら私は後者の環境を選びます。そして、大半の読者の方もそうだと思います。人はプラスよりもマイナスに強く影響されます。マイナスにさらされた人間はさらした人間に対して激しい復讐心を持ちますし、それによって自分に今まで好印象を持ってくれていた人も態度が変わる可能性もあります。相手に憎まれないと言う事が相手に好かれるという事よりはるかに重要と思います。人によって態度は変化させつつも、憎しみを持つ人間を増加させないというのが人格の未熟な人間が高い人格を持つ人間を装う時の最大の奥義というべきでしょう。この事を知らない人間は破滅に向かうと考察されます。

このような傾向は人間の基本的な性質に由来すると考えられます。人間は極端なマイナスでは生存できないが、極端なプラスであっても生存に大きな違いは見られないという人間の原始生活から続いた特質（いや、もしかしたら生物全般の特徴かも？？）と考えられます。

A、食事に豪華な肉や魚が出てくる最高級の中華料理を三日間食べ続けた後、残りの三日間は糞を食べ続ける。

B、食事に普通の醤油飯を六日間食べ続ける。

もし、これを日本人に選択させたら、みなさん殆どがBを選ぶと考察されます。そして生存に有利な方はBと当然考えられます。だから私はマイナスを少なくするという事。つまり、人格の未熟な人間が高い人格を持つ人間を装う際に人に憎まれないように装う事が根幹的に大切と思うのです。

ちなみにこのように書いていると私が人格者を装う事を推奨しているように読者の方々に見えるかもしれないですが、けっしてそんな事はないです。私はこのようなトリックを決して好みません。

私が実際に見た高い人格を持つ人間を装った人々とその逆パターン

次に私が今までの人生経験の中で見てきた人々を紹介しましょう。

彼は会社の幹部です。人当たりがわりと良くて読書家のように感じます。年齢も中年後期です。空気は寛容な面持ちがあり、貫禄もある程度あります。私は彼を未熟な人格とは思わなかったですが、けっして人格者とも思わなかったです。なぜならば、彼は自分の行動と言葉に相違があるからです。言葉は綺麗だが、行動は違うのです。常に言葉は良い事を言い続けるが、行動が伴いません。又、普段の表情からそのような言葉をいうような人間とはどうしても思えない。表情や行動が言葉と違う事からどうしても何かを感じます。実際に彼が演じる人格を本当に持つ人なら、表情に優しさや強さ等が表れます。行動もあまり共感できない。おまけに持っている空気も普通。どうみても普通の人間が二面性を持っているように感じます。

大学生の女の子。彼女は人格者を装うというよりも自分の邪悪さを隠したいという思いが強いように感じます。邪悪さを隠し、人格者とまでは言えないまでも普通の女の子と見られたいという気がします。男遊びが激しく、自分より年下の同姓との交際を好んで常にリーダーシップをとり、自分の自己中心的な行動に正当性を付与する事でそれを曖昧にしたいという意識を強く感じます。しかし、言葉と言葉に矛盾がある為にすぐにそれがわかります。彼氏ができたと言った直後に、「いい人いないかな？」だとか矛盾した言葉を吐くのです。本人はこんな言葉を言って自分の正体を隠せると思っているというのが不思議なのですが、人生経験の浅さからそれを理解できないように感じます。言葉と言葉の間に矛盾があるという事は言葉と行動・表情と行動・表情と言葉に矛盾があるくらい何かを感じます。又、周りの人が嫌いだからと言っているので、何の理由もなく相手を嫌う行動をし、自分が人間的に優位に立とうとする姿がとても印象に残りました。その心理を考察すると常に自分が優位に立つには相手を蹴落としてもかまわないというのがまるきり表れて、あまり彼女の事は好きになれませんでした。

中年の女性。彼女は美人で清楚で知的な空気を持っているので表面的には良い印象を与える。短期において人に好印象をあたえるのは天才的です。元からの美人で清楚で知的な空気・表情も素晴らしい。行動も言葉も表情もお互いに矛盾はない。相手の空気を読む事も上手く、それに対する対応の仕方も洗練されている。しかし、短期的にしかできない。自分を抑える事ができない。自分と違った人格を演じている為に、それに対してかなりのストレスがたまるようだ。天才的な短距離選手であるが、長距離においては小学校低学年にも負けるような女性だ。だから、しばらくすればすぐにボロがでる。本人はこのボロから多大な不利益をうけているのをどう感じているのだろうか？天才的な短距離選手よりも短距離、長距離でも平凡な方が大きな利益を得る事ができると感じました。

彼は課長クラスで私が出会った時は四十代でした。表面的には社会的常識や道徳に影響されて寛容で温厚な空気や貫禄を装いながらも、中身は小心な利己主義者。装ったとしても仕事の仕方が攻めの姿勢もなく、失敗を常に怖がり、仕事よりも役員の接待に非常に興味を持ったりする等の行動が見て取れます。人に対する同情心が平均レベルより低く感じる。同情心のレベルが低いので部下の親が倒れても、その部下の気持ちを察して、仕事を休んで帰郷しても良いだのという人間として当たり前の言葉をかける事もできません。これは心がなければ、何と行動してよいかがわからない典型ともいえます。又は心が行動を表すともいえます。

彼は三十代後半、元から優しい性質があり、空気を読むのが上手く、気遣いも得意です。ただ、人に好かれたいという意識が強く、奥底には強い闇の部分があります。人に好かれたいという意識が強い為に自分の意見を人にあわせて変える事にあまり抵抗もないです。相手の行為や言動に腹が立っていたとしても、温厚なので相手の気がつかないような回り道的方法で反論し、波風を立たせないです。人に好かれたいという意識から人格者のように装いますが、どうしてもパラパラとボロがでます。彼が持っている空気から闇の部分を消しきれないというのでしょうか？空気を感じるというのは言葉で説明する事は難しいです。あえていうなら本能、もしくは無意識によって学習してきた集大成というものでしょうか？どうしても空気から闇の部分が消しきれないです。

ここで初めて逆パターンを記述します。彼女は二十代で優しいところがあり、そして控えめです。好き・嫌いの表情が明確にあらわれ、顔から何を考えているか非常にわかりやすい。口では自分の利益の為ならみんなの利益は気にしないと言いながらも、言葉だけであり、利益に大きな執着はない。ただそうでありながらも、多少は黒いところがあり、人の不幸話を喜ぶところもあります。（人間であれば多少は仕方ないでしょう。）しかし、自分が嫌いとは言えないまでもあまり好きでない人間に対しても、その人が他人から批判されていればフォローしてあげる優しさも持っています。子供の頃に勉強していないのと、大人になっても知識欲がないので学問的な経験は殆どないです。自分の利益を人に譲る行動も多く、彼女は言葉では自己中心的な事を述べながらも行動や表情や全体からかもしだす空気が人格者とは言えないまでもそれになんとなく近い物をもっている人でした。

優等生志望の三十代男性。彼は自分が学生時代の時から優等生願望があり、それは素晴しい事であると信じていました。だから、私に優等生になるように説教してきました。私は優等生になるつもりはない。ただ自然に生きて、人にも好かれたくもないし、嫌われたくもない空気のようでありたいと回答しました。まあ、それを彼に徹底的に批判されましたが、彼の優等生になりたいという願望は人格者になりたいという願望と解釈してもかまわない部分があると思うのでここで記述させていただきます。

彼に説教された事なのですが、私は相手が自分を好きか嫌いかは相手の自分に対する行動で判断すると言ったのに対し、彼は自分が相手に色々な行動を積極的に試す事によって好きか嫌いを判断する方が素晴らしいと主張しました。又、私が主張する空気のような人間よりも皆に好かれる八方美人的な人間を目指すべきだと主張しました。（ちなみに私は八方美人を人格者に近いかもしれないが、人格者とまでは思っていません）ではここまで主張する彼が会社の中では皆に好かれ強い影響力を持つような中心人物になれていたかどうかを考察すると、彼は決してなれていなかったです。彼はそうなりたいと思う願望はあっても、願望だけで実行する意欲に欠けていました。願望だけで自分は八方美人になれると誤解している幼稚な思想の持ち主でした。願望を実行するにはどのような行動をとるべきか、それが上手くいくためのチェック体制や心の持ち方等への深い洞察が欠けており、願望だけでした。空を飛びたいという強い欲望があれば、科学的な研究なしでも空を飛べると考えるような人です。だから、会社の人間との関係は完全に悪いわけではないが、良くもないという関係でした。本人は彼らとの関係は良くはない。しかし、悪くもないという事をどうやら把握しているのに、なぜ自分は優等生になれていると思っているのでしょうか？自分の事は自分ではよくわからないという典型的な事例でしょう。

現実の世界では人格の未熟な人間が高い人格を持つ人間を装う事が多いのか？それとも少ないのか？

私が現実を観察すると実際には完全な人格者を装うと言う事は殆どないようです。その理由としては殆どの人は合理的に生きるよりも自然に非合理で生きたいという気持ちが強いし、それが自然の本性にかなうものだからだと思います。つまり、自然の本性を隠して行動すると人間にとっては非常に疲れるのです。そして、それに対して充実した気持ちで生きがいをもって生きる人間は少ないでしょう。又、自分の自然の本性を隠さなくても取り立てて問題はないと考えている人も多いです。それを深く考察するなら、人間社会は核心部分のルールに違反しないかぎりはできるだけ多くの個性を受け入れようとするシステムが作動しているからです。具体例を挙げるならば、物を盗ったり、人を殴ったり、殺したりしたら罰せられますが、目つきが悪いだとか、鼻糞をほじるだとか、話している時に唾を飛ばすだとかは罰せられません。このように大きな部分は許されないのですが、細かな部分は許されるのです。ただ、部分的に自分の人格を高くみせるような装いをする言葉や行動は頻繁に行われています。人間はすべてを装うのはしんどいのですが、部分的に装うのはあまり負担がかからないからです。すべてを装う行為は短期間にはできるかもしれませんが、長期間においては難しいでしょう。もし、すべてを装うという行為を長期間すると本当に自分がそういった人格者になってしまうかもしれません。行動をすると自然に考えが変化するという傾向が人間にはあります。しかし、その中に進む過程で、自分とは違う人格が動いているという事に耐えられない人間が殆どでしょう。しかし、それを越えれば装った人格が本当の人格になるかもしれません。

人格の未熟な人間は高い人格を持つ人間を装う事が可能か？

これは興味深くて非常に深い問題だと言えます。人格の一部を高く見せる事は可能です。しかし、人格者のように見せようと努力する事は殆ど成功していないように感じます。いくら努力してもなかなか本質を隠す事はできないです。まさに、極端な言い方をすると白鳥が大勢いる湖の中に白鳥になりすませていると確信している一匹の黒いカラスがいるというような状態です。白鳥はもしかしたら世の中には黒い白鳥もいるかもしれないと思ってカラスを許しているのですが、カラスが間違えて「カアー」と鳴くとこんな白鳥は絶対いないと確信し、カラスを全員で攻撃しにかかるような感じでしょうか？（笑）つまり、カラスは白鳥になりきれていると思い込んでいるのに白鳥からは明確にそれがカラスである事が理解できるのです。それくらい人格の未熟な人間が人格者を装うという事は難しいのです。ここではそれがなぜかを記述したいと思います。

1、その人の持っている空気がどうしても人格者の持つ空気と違う

これは口で言う事は非常に難しいです。これは人間の動物としての勘というべきものでしょう。人間が進化の中で重要で、生き残る為にこれができない人間は自然淘汰されてきたとも推測できるすごい能力です。直感的に瞬時に感じ、それが殆ど正しく、生きる為にも重要です。おまけに人の持つ空気にはその人の人生がでます。幼児の持っている空気を感じてください大人と違って完全無垢で純真な感じがするでしょう。中年の大人の空

気を感じてください。その中には厳しい人生を歩んできた人。沢山の勉強をし、知識を蓄えてきた人。のんびり生きてきた人。様々な人の空気を感じる事ができるはず。そして、一番わかりやすいのは幼児の持っている空気と中年の大人が持っている空気です。今まで見たことがある幼児とすべての中年の大人が持つ空気を頭の中で比較して見て下さい。決定的に違うし、どうしても騙す事ができないでしょう。

そうなのです。人格者の空気を装うには人格者になるしかないのです。その人が持っている空気はどうしても人生が表現されています。持っている空気を変化させる為には自分の人生を変えるしか方法はないのです。そこには中途半端な誤魔化しは全く効かないです。それは猫が虎のマネをして人間を脅すようなものであり、逆に虎が猫のマネをして人間を油断させようとするようなものです。不可能です。

2、言葉と言葉の間が矛盾するので人格者じゃないとすぐにわかる。

人間が嘘をつくにはそれなりに単純なものでなければ難しいです。嘘で物事をつなぎあわせるのは結構難しいです。それが大きな物になればなるほど。一つの嘘を真実にするにはもしかしたら十個の嘘をつかなければならないかもしれません。嘘の数が加速的に増加するほど嘘はばれやすくなります。又、長期的に嘘をつき続ける事は難しいです。もし、ふとお酒を飲んだりして真実を喋ってしまったり、無意識に油断して喋ってしまうとどうしょうもないです。私が実際に見た高い人格を持つ人間を装った人々とその逆パターンで示した大学生の女の子の例を見てください。彼氏ができたと言った直後に、「いい人いないかな？」だとか矛盾した言葉をはくのです。本人はこの言葉の意味をあまり理解していません。読者のみなさんは言葉に矛盾があると思いませんか？直後といっても十分後です。人間は十分前の事でも忘れるのです。つまり、どのような嘘をついたかという事をきっちり把握しとかなければならないですし、おまけに、長期間、嘘をつき続けなければなりません。そして、その嘘を真実にする為にはまた嘘をつき続けなければならないです。嘘の数は加速的に増加します。ただ一つ、昔言った事を忘れたという逃げ道もありますが、人間には絶対に忘れる事ができない物もあります。ですから嘘をついて人格者を装うのは非常に難しいです。そして、これはとてもしんどい事であり、普通の人間にできる事ではありません。

類似例で少し話は変わりますが、言葉には人間の感情が含まれる時が多々あります。そして、それによって言葉と感情に矛盾ができる可能性があります。例えば、元気がない小さな声で「がんばります」といってもすぐに相手もその真意を理解するでしょう。こういった部分が言葉の難しい部分です。

３、言葉と行動が違うので人格者じゃないとすぐにバレる。

今度は言葉と言葉ではなく、言葉と行動に焦点をあてて考えて見ます。ここは非常に面白い考察ができると思います。よく考えてみると、言葉を喋る事は人間にとって大きなコストはかからないです。ですから、好きな事がしゃべれるのです。町の居酒屋に行ってみなさい。「俺は大物に絶対になる」「全世界の苦しみを解き放つ救世主になりたい」「親父に手をだしたら許さない」「年収一千万円以上の男としか結婚しない」「俺は絶対に東京大学にいく」こんなわけのわからない言葉がいっぱい聴けると思います。町の居酒屋は言いすぎかもしれませんが、普段の日常で「あいつ絶対に殺してやる」だとか様々な楽しい言葉を聞けるかもしれません。これらは言葉が無料だからです。こんなものは誰でも喋れます。しかし、実際に行動という点から考えると、人間にとって行動は大きな負担とリスクが必要です。

例えば、「俺は大物に絶対になる」↓普通の大人は皆が小さな家族の幸せを守るためにヨレヨレのスーツを着て上司に頭を下げているのだよ。大物になるのにどれだけの覚悟がいるか？起業するにもどこからお金を集めてくるんだ？貸してくれたとしても1億円を借りる勇気が君にはあるかな？「全世界の苦しみを解き放つ救世主になりたい」↓マザー・テレサの一生を見た事が君にはあるか？大変だぞ。で、具体的にどのようにして全世界を救済するんだ？君のちっぽけな力で世界が動くとでも思っているのか？テロリストが闊歩し、伝染病があふれ、今にも人を殺して食いそうな飢餓難民がいる国へいく勇気があるのか？「親父に手をだしたら許さない」↓許さないと言う事はどういうことかな？相手を私刑にするということか？君には家族がいるのかな？この自力救済禁止の世の中で私刑は犯罪だよ。刑務所に入って仕事を失って家族に迷惑をかける覚悟が君にはあるのかな？「年収一千万円以上の男としか結婚しない」↓世の中に何パーセントの男が年収一千万円以上あると思っているんだよ？それも中年後期の結婚適齢期を逃したおじさんばかり。結婚適齢期の年収一千万円以上ある男と結婚するのは難しいぞ？競争率は高いぞ。それに向けて君たち女性は努力ができるか？体重四十キロを維持する努力ができるかな？「俺は絶対に東京大学にいく」↓東京大学にいける人間はほんのわずかだぞ。一日数時間も勉強する努力が君にはできるかな？「あいつ絶対に殺してやる」↓人を殺すにはものすごい罪悪感を克服しなければならないぞ、人の腹を包丁で刺す事ができるか？血が溢れ出るぞ！人の後頭部をアイスピックでつけるか？手が震えるぞ！相当な罪悪感を克服する必要があるぞ。警察に逮捕され刑務所に入らなければいけないという大きいリスクもある。

このように行動というのは物凄い大変な事なのです。又、その為に行動というのは人間の強い感情を表現する方法です。強い感情なしでは物凄い大変な行動はできないです。つまり、無料の言葉と強い感情を表現する物凄い大変な行動という大きな違いから口だけ・言葉だけで行動がなしという結果に繋がりやすいのです。ですからどうしても未熟な人格の持ち主は言葉と行動に相違がでてきます。だから、その相違からすぐに人格者のフリをしていても正体が判明するのです。

4、言葉と表情の間が矛盾するので人格者じゃないとすぐにバレる。

いくら綺麗な言葉・優しい言葉を口で言っても表情がそれに対応するものでなければすぐにその装いはバレます。表情を作るのは結構難しいです。表情は言葉と比べて自分から確認できなく、言葉より簡素な分だけそれを隠すのは難しいです。表情を誤魔化そうとすると、表情が硬くなったり、不自然になったりします。例えば、苦笑いだとか愛想笑いだとかはそうですね。本当に心から笑っていないのでこのような笑いはすぐに他人に悟られるのです。それらを誤魔化して本当に心から表情を表すのは人間としてかなりしんどい作業です。その難しい作業を無数にある言葉と表情で一致させるのは不可能です。そのうちの一部だけを矛盾なく、一致させる事はできますが、残りの部分が不一致ではとうてい上手くはいかないでしょう。本人が自分で自分自身を判定する事ができないために上手くいっていると思い込んでいる例はあるようですが…

最後に結論として人格者を装うという行動をするのは非常に難しい事です。思想を隠すよりはるかに難しいです。非常に危険を感じるなら、独裁者が君臨している国で独裁者に反対する思想を持っていても隠す事はわりとできるとおもいます。しかし、人格というものはそういった思想とは違うものです。思想は単純です。例えば共産主義の国で資本主義を支持していたとしても、それはほんの一つの資本主義を支持しているという点だけバレなければよいのです。別にその思想について熟知している必要もないですし、信じていると述べる時には表情に真剣さがあまりなく、普通の表情でも問題はないと思います。そして、○○主義者の空気というのは存在しないでしょう。これは思想が人間の言葉や表情や空気等とある程度分離した存在だからです。しかし、人格はすべてが有機的につながっているのです。一つの嘘を隠しとおすだけでは人格者を装うのは不可能です。多数の嘘を同時に表情等の質的に違うものと矛盾なく、関連させて装わなければなりません。これは極めて難しいです。これをわたしは**「人格の有機的関連性」**と呼びたいです。もはや人格者になるには本当の人格者になるしか方法はなく、そういう方法でしか解決する事はできないと思います。

第2章　人格とは何か？

第2章　人格とは何か?

人格という言葉からイメージできるもの

　さて、そろそろ人格という言葉の説明に入ります。まず、人格から読者のみなさんはどのような言葉をイメージされるでしょうか？人柄？人としての品質、もっと踏み込んで考えるならば、人としての格の大きさ、人としての器の大きさと色々考える事ができます。しかし、ここでは辞書が導きだすような言葉の一般的な意味よりももっと深く、その意味をとっていきたいと思います。辞書の導き出す意味は客観的な意味が多いが、主観的な解釈が少ないです。主観的な解釈が少ないという事は言葉の客観的要素を強調する分、人によって解釈の分かれる部分を捨象する事です。私はこの解釈が分かれる部分に私がどう思うかという主観的解釈を前面にだして、人格という言葉に深みを入れていきたいと思います。それがこの本の趣旨にとって、一番適していると思います。

人格の間違った解釈について

世間一般では人格を客観的解釈（人柄？人としての品質、もっと踏み込んで考えるならば、人としての格の大きさ、人としての器の大きさ）と考えます。そして、それを言葉に結びつけると「約束等をきちっと守る誠実さ」「悪い事をしたらきちっと注意できる心の強さ」「賄賂を受け取らない潔癖さ」だとか色々な性質になります。その種類は豊富すぎてここではすべてを書く事はできないでしょう。しかし、私は現代日本社会における人格の解釈は極めて一方的な為に良い解釈をしているとは思わないです。読者は「約束等をきちっと守る誠実さ」「悪い事をしたらきちっと注意できる心の強さ」「賄賂を受け取らない潔癖さ」は何がおかしいの？それらは人間にとって最も必要な部分ではないのか？と考える人が多いかもしれません。確かにそれらはとても大切なものですし、それがなくては立派な人間とはとうてい言う事ができません。しかし、それだけだと断定する事に大きな誤りがあるのです。次にそれを説明していきましょう。

ルール違反

それでは読者の皆さんはルール違反の時にどのように対処されますか？母性の強い人、それとも父性の強い人によってもその考え方は変わります。例えば、人気があるラーメン屋がありました。そこに人が列を作っています。そこにあなたも並んで一時間くらい待っていました。それでやっと列の真ん中にいるくらいです。お腹が減ってたまりません。早くラーメンを食べたいと非常に待ち遠しくなっており、ラーメンの事ばかり考えていました。しかし、モラル意識の低い人が今、ラーメン屋に来たばかりなのにあなたを抜かして前の列にいこうとします。あなたはどうしますか？

A・あなたを抜かして前の列にいこうとする人を腹立つが気が弱いのでだまっておく。

B・あなたを抜かして前の列にいこうとする人を口頭で理由を話し注意する。

C・あなたを抜かして前の列にいこうとする人を大声で怒鳴って注意する。

D・あなたを抜かして前の列にいこうとする人を殴りかかる。

E・あなたを抜かして前の列にいこうとする人をナイフで刺し殺す。

さて、みなさんこの中でどのような選択肢を選ぶ事が正しいと思いますか?普通の感覚の持ち主であればA、B、Cのどちらかになると思います。まさか、D、Eとか言わないでくださいね。特に、どうみてもEを選択する人はいないと思いますが（笑）

　では、次に質問を新たにします。例えば、あなたはテレビを見ていました。あなたが大好きな毎週見ているドラマです。もちろん、あなたが好きな俳優とか女優も出演しています。しかし、弟は野球が好きで阪神ＶＳ巨人の伝統の一戦を見たがっています。弟が塾から帰ってきました。ちょうど、その時にドラマのなかの一番の名場面をやっていました。その時に弟が、テレビのリモコンでドラマからスポーツ中継に変えてしまいました。

あなたはどうしますか？

Ａ・先にテレビを見ていたので弟の行為は腹が立つが、気が弱いのでだまっておく。

Ｂ・先にテレビを見ていたので弟の行為は腹が立つが、口頭で理由を話し注意する。

Ｃ・先にテレビを見ていたので弟の行為は腹が立つが、怖いので明日のおやつをあげるから、今日のドラマは見せて欲しいと交渉する。

Ｄ・弟の行為は腹が立つので見ている最中に後ろから唾をかける。

Ｅ・弟の行為は腹が立つので、弟の持っている教科書だとかを陰でビリビりにやぶったりして陰湿な嫌がらせをする。普通の感覚の持ち主であればA、B、Cのどちらかと思います。D、Eを選ぶ人は少ないでしょう。

さて、話をまとめる事にしましょう。私は他人がルール違反をした時にこの普通の感覚を大事にできる事が人格において最も重要な事と感じます。このような普通の感覚は日常に溢れています。このような感覚があってこそ、色々な人は互いに共生できる基盤があると言えます。逆にこれらの質問でD、Eを選択する人は、「優しさ」「正義を守る信念の強さ」「賄賂を受け取らない潔癖さ」等の人間として重要な要素を持っていても人格としては極めて未熟だと思います。しかし、現実の世の中にはD、Eのような行動を取る未熟な人間がいるのも事実です。

日本のような高度に資本主義化し、教育が普及し、各種、図書館が整備され、テレビやインターネットが普及し、様々な知識及び情報が普及している世の中でもすべての人間が普通の行動を取る事ができないのです。不思議だなと思われますが、それが現実の世の中というものです。

普通とは何か?

　では普通とは何でしょうか?ありふれている事、凡庸な事でしょうか?それとも?読者のみなさんはどのように考えるでしょうか?日常には普通がいっぱいあります。世の中を生きていると極端な事はニュースの中でしか見られないくらいです。それだけ極端な事は少ないのです。ニュースの中のような本当に極端な事はまず日常生活で見る事はないですが、口喧嘩等の日常でもままありそうな事ですらあまり見ないです。

　このように普通でない、極端な事はなぜ日常では見られないのでしょうか?それは皆さんが感情を調整できるというとても重要な特質をもっているからです。例えば、感情を調整できなければ、A、B、Cのような行動を取る事はできないでしょう。そして、もっと決定的に相手に大きな精神的・物理的被害を与える事になるでしょう。しかし、感情をそのままにしておくのではないところに人格の大きな意味があるのです。

普通と感情

では、普通とは感情に全く左右されなく行動できる事でしょうか？私は違うと思います。人間は感情の動物です。感情がなければ行動する事は難しいです。動物である為に感情が発達していない物質のように行動する事は不可能です。そして、それは感情を調整するという作業が一番重要になっていくと思います。つまり、腹が立っても、激怒しなく、適度に怒る。恐い事があっても恐れすぎずに適度に恐れる。愛する人がいても、愛しすぎずに適度に愛する事です。この適度な感情が重要な事であると思います。感情のおもむくままに行動すれば間違いなく、相手を深く傷つける事になります。又、社会的な制裁や自傷行為で自分も傷つける事になります。

私の知人に人を愛するあまり、その愛が、報われない事（たぶん、結婚をどちらかの親に反対されたような気がします。）が理由で電車に飛び込み、手足を切断する等の大怪我をおって身体障害者になられた人もいます。又、テレビを見ればストーカーで逮捕される人間も多数いますし、中には人を愛するあまりに殺人事件になってしまう時もあります。

もう一つ例を挙げれば、灰色が許せない人間がいました。白と黒を明確に決めなければ我慢できない人間です。自分にとって白をする人間には非常に友好的な態度を取るのに黒をする人間には非常に敵対的な態度を取ります。白と黒が混ざった灰色の人間の存在は許さないという人間です。彼の社内での立場は非常に悪かったです。白と判定された人間は積極的に彼を支持するような行動はせずに消極的に認めるというような行動をしただけでした。しかし、黒と判定された人間は彼を完全に破滅させてやろうとし、虎視眈々と狙っているという感じです。ここにも人間はマイナスに特に敏感になるという事を感じます。匿名インターネット掲示板には彼を擁護する発言はなく、非難と中傷しかありません。たぶん、彼の事でしたらその掲示板も確実に見ていたと思います。もし、彼が灰色を認められる寛容さがあれば、このような事態にはならなく、非常に悪い立場に置かれる事はなかったはずです。彼には人を許せる心がなかったのです。

現代の日本においては強くもなく、弱くもない適度な感情を持ち、普通に生きると言う事が軽視されていると思います。日本の社会で放映されるテレビの内容やインターネット社会で取り上げられる事は適度な感情を持ち、普通に生きる事が奨励されているようには思えないです。異常がかっこいいとか極端な思想に生きる人間が素晴らしいような風潮を感じます。又、人間はどうしても普通の事よりも変わった、目新しい刺激的な事を見たい願望があります。普通はかっこよくない、普通は面白くない。普通は真面目くさくて楽しくないとかそのような事を感じます。しかし、私は普通を極める事が非常に重要だと感じます。普通を極める事が本質的な意味でその個人に大きな幸せをあたえ、偉大な人間になれる一歩だと感じます。

普通の感情で異常から立ち直る

ここで言う普通とは大きな感情に流されずに、この適度な感情のまま行動し、生活するという事です。決して怒らないし、悲しまないし、喜ばないという事ではないです。常に普通に感情を保てると言う事です。

このような感情を保つ事ができれば、(適度に怒り、適度に悲しみ、適度に喜ぶ) 人生の中で万が一、起こるかもしれない異常事態に適切に対処できると思います。普段、私たちは平和な日本に住んでおり、平凡な日常生活を営んでいます。しかし、この平凡な日常生活が永久に続くという保障はないです。もし、家族が殺人事件にまきこまれたら、もし、恋人が交通事故にあって死亡したら、あなたはどのように対処しますか？自殺して一緒にあの世の世界にいきますか？あるいは、あまりにも強烈すぎる経験なので、精神を病み廃人となって暮らしますか？しかし、適度に怒り、適度に悲しみ、適度に喜ぶという事ができたら上手に異常事態を渡っていく事ができると思います。普通を極める事が生きる強さに結びつくのです。普通を極めれば家族が殺人事件に巻き込まれても、一年後には精神的に平和な日常生活にもどれるかもしれません。もし、あなたが女性でレイプされたとしても、その傷も一年程度で癒えるかもしれません。

普通と適切な判断

そして、適度に怒り、適度に悲しみ、適度に喜ぶという普通の感情を保つ事ができれば、精神的に立ち直れるとは別に大きな利点があります。感情だけによる行動に抑制がとれるのです。先程記述した白と黒を明確に決めなければ我慢できない人間を更に分析していきましょう。彼は自分が嫌いな人間には常に攻撃姿勢です。相手を攻撃しないと我慢できません。怒鳴る必要がないところで怒鳴り、上司や先輩、年長者にも感情が我慢できずに攻撃姿勢を崩せません。すべてが感情に任せた判断になっており、もはや感情の奴隷です。彼の判断は感情のみです。ここは我慢すべきところだとか、お互いに妥協すべきところだとかの適切な判断ができません。例えば、私がどうしても彼とは合わないので適切な距離を置いて、お互いに仕事以外は関わらないように距離を設定しても、怒りの感情でそれが見えません。

例えば、もう一つ例を挙げると、政治家でも賄賂を貰って失脚する人が後を絶たないです。人間は誰でもお金が欲しいです。それは間違いないです。お金は人間にとって生活の不安を解消してくれますし、社会的地位も向上させてくれます。更に贅沢もできるという素晴らしい価値がある物です。しかし、適度に欲しいと思う事が重要です。もし、欲しいと思いすぎれば、受け取ってはいけないお金も平然と受け取ってしまうのです。これは大変に危険な事です。感情はすべての判断を狂わせてしまいます。社会的トップエリートの政治家でも受け取るべきお金と受け取ってはいけないお金の判断を間違う時が多々あるのです。ですから、誰でも陥りやすい罠と言えます。

感情と盲目

人が適切に正しく物を見る為には感情を調整するという事が非常に重要になります。例えば、私は仕事をしている時に「ふう、しんどいな」といいました。その時に同僚のある女性は何も反応しません。不愉快な素振りもないです。しかし、彼女が嫌っている男性が「ふう、しんどいな」と全く同じ事を言った時には怒りだしました。私はもっとあいつよりシフトを多くはいっており、仕事も沢山しているのにあの言い方は腹が立つというような感じです。私も彼女ほどには仕事をしていません。しかし、私が言った場合と彼が言った場合には彼女の判断が異なるのです。

もう一つ例を挙げると、私が会社で好かれている社員と嫌われている社員の対応のされ方をつぶさに研究した結果、好かれている社員がミスをした場合はたまたまの偶然でミスをしたと運によって片付けられる事が多かったです。そして、好かれている社員の成功は偶然ではなく、必然と考えられる事が多かったです。しかし、それとは逆に嫌われている社員のミスは必然のミスであり、嫌われている社員の成功は偶然の成功と考えられました。だから同じぐらいの質と量の成功・ミスであっても、好かれている社員はますます評価が高くなり、嫌われている社員の評価はますます低くなります。これは評価の奥底に感情というものがはいって人を盲目にしている証拠です。坊主憎けりゃ袈裟まで憎いという諺がぴったり当てはまる例です。

人格者と普通

ここでは、具体的に人格者と適度に怒り、適度に悲しみ、適度に喜ぶという普通の感情を保つ事がどのように繋がるかという事を記述します。人間は非常に弱いです。特に未熟な人格の人間は弱いからこそ様々な感情に影響されます。そして、非日常的なとても強いショックな出来事を体験するとすぐに精神的にまいってしまったり、相手に対する限度を超えた復讐心を心の中に抱えたりします。おまけに、好き嫌いの感情が心の中に強く渦巻いているので、人間を評価する時に公正に評価する事もできません。このような人間が人格者といえるでしょうか？いや私は言えないと思います。そして、このような未熟な人格の人間は人の好き嫌いがはっきりしすぎている為に、人に本当の意味で優しくできないです。したがって、自分が好きな人間には優しくする事はできますが、嫌いな人間には相手が本当に困っている時でも非常に手厳しいです。憎しみが強すぎるので優しくすべき時でも優しくする事はできないという感じです。

しかし、人格者は違います。感情の奴隷にならずに、判断する目も盲目になっていません。非日常的な強いショックな出来事を体験しても、例えば、アウシュビッツで家族がすべて殺され、全財産を没収されても、精神的にまいって廃人になる事もなく、自殺する事もなく、希望を捨てずに復興の為に日々の努力を黙々と続けていく事ができます。

そして、人間への好き嫌いがあまりない事から相手に対して非常に強い復讐心を抱く事もない為に適切な判断が可能です。上司・先輩・年長者なのでここまでキツイ事はいってはいけないだとか、腹が立っても我慢できます。又、家族が飲酒運転の交通事故で殺されたとしても、自分で復讐を成し遂げるというような極端な行動をするのではなく、警察に任せます。

さらにはそんなに人を憎まないので、嫌いな人でも大嫌いな人はとても少なく、少し苦手だなという感じなので、相手が本当に困っている時でも優しさを発揮し、相手に助けを与える事もできます。絶望にも負けず、適切な判断ができ、殆どの人にも優しくできる。これを人格者と言わずに、何を人格者と言うべきでしょうか！

人格者と空気

さて、先程述べた人格者の特質は一種の独自の空気を持ちます。人格者の中の感情の調整にもとづいた強さ、優しさ、寛容さ等はこちらから他人に伝えなくとも、その空気を相手は感じ取ります。もはや説明する必要はないです。読者の皆さんも今まで、沢山の人を見てきたはずです。沢山の人を見てきたと言う事は沢山の人の空気を感じてきたはずです。その沢山の空気の中から、この人は知識もあり、経験も深い人だなとか、優しい感じがするなとか、真面目だなとか強さを感じるなとか色々感じてきたはずです。そう、それなのです。相手が自分の事を説明しなくても、空気から相手の性質を感じ取る事ができます。それが人に魅力を感じさせる大きな強さ（カリスマ）になると私は思います。

私が今まで、就職し、働いてきた中で、このような事を理解している上司が少なかったように思います。自分の本性等隠せばどうにでもなる。それでも人はついてきてくれると勘違いしている人が多いように思われます。これは1章にも書いたように間違いです。本当の強さ、優しさ、寛容さ等をいくら装っても、完全に装いきるのは難しいと思います。

第3章　人格者と中庸・中道

第3章　人格者と中庸・中道

人格者の調整された感情と歴史的見解

今まで述べてきたのは私の個人的な意見もありますが、それを歴史的に見た場合はどのように解釈していくかをこの章では記述したいと思います。この本における考え方は私の独自の見解も多分に含まれています。しかし、原則部分は歴史的産物に頼っています。つまり、コンピューターのような最近できた物は歴史に由来する部分が浅いですが、人格という人間の根幹的な部分になるとそれをきちっと真剣に考えてきた歴史上の人物が古くからいますし、それも人類文明の初期に登場しています。彼らを見つめていく事で、人格者とは何かという見解が良く理解できると思います。

孔子と中庸

孔子（前六世紀頃の人、姓は孔で名は丘、字は仲尼、礼と仁を規範とした道徳による理想政治を説いた）という人物は中国・朝鮮・日本という東アジア世界に決定的な影響を与えた人物でその教えは儒教と言われます。彼は中庸を最高の徳としました。中庸とは過不足なくし、極論を取らない事で、彼は弟子にも極論を取らないように教えました。

様々な性格がいる弟子を孔子は持っていましたが、その弟子達も性格にかなり癖がある者も多く、孔子は消極的な弟子には積極性を鼓舞し、積極的な弟子には、思慮を持ち、消極的になるべきだと教えました。

これらの孔子の教えは私の感情を調整し、普通の感情で物事に対処するという考え方に非常にあっているように感じます。感情を調整する為に消極的という行動に移したくない意欲に積極性という行動に移したいという意欲を吹き込んでバランスを取ります。その逆も同じ事と思われ、抜群のバランス感覚の重要性を述べています。

わかりやすく、車に例えるならば、アクセルとブレーキの大切さを述べていると考えてよいでしょうか?アクセルを踏めば踏むほどスピードが速くなります。しかし、車にスピードは重要ですが、もし、ブレーキがないアクセルだけの車があれば読者はどのように思われますか?たぶん、そんな車は恐くて乗れないと思います。

そうです。その通りです。私もそのような車には恐くて乗る事はできません。殆どの物事には二面性というものが存在していると私には感じます。例えば、アクセルとブレーキのどちらが車に必要かという議論があれば、皆さんは両方必要と感じると思います。どちらが片方より優れているという事は決してないでしょう。

つまり、感情を調整でき、普通の感情で暮らしていくと言う事は物事を多角的に見られる能力を得る事と同じなのです。物事を多角的に見られるというのは片側の方向だけから物事を見た時にはどうしても物事の見方が偏りがちになってしまいます。もう一方の方向から見れば、落とし穴に気づいたかもしれません。最もわかりやすい例えをすれば、障害物が正面にあれば正面から見ても落とし穴がある事には気づきません。しかし、横から見る事ができれば、横には正面と違って障害物がないので簡単に落とし穴がある事が理解できます。

要するに中庸を心得ずに感情の奴隷になると正面から突っ込んでしまうので落とし穴という罠がしかけられている事に気づかないのです。中庸を心得て感情を調整し、普通の感情で判断する事ができたら、横から見てみるという多面的視点を持ちやすいのです。横から見てみれば、当然、落とし穴がある事が理解できます。

アリストテレスと中庸

アリストテレス（前四世紀頃の人、プラトンの弟子で、アレクサンドロスの家庭教師でもある哲学者）という人物はキリスト教がヨーロッパ世界において支持される前の人で、哲学の分野において西欧文明に決定的な影響を与えました。彼もまた孔子と同じような事を言っています。詳しく記述すると、アリストテレスの中庸は次のようなものです。

放漫（超過）・寛厚（中庸）・けち（不足）
虚飾（超過）・真実（中庸）・卑下（不足）
無謀（超過）・勇気（中庸）・怯懦（不足）
放埒（超過）・節制（中庸）・無感覚（不足）

これらの例を見ていると感覚的に中庸が美徳にかなっており、感情的にも調整され、バランスが取れている事も理解できるでしょう。その一例を具体的に説明すると、「放漫」な方法でお金を使用すると、すぐにお金がなくなり、金銭に困る事になりますが、金銭に貪欲で「けち」であると人にあまり良いようには思われないです。しかし、過不足はなく、極論でもない「寛厚」であるとそれなりにバランスがとれます。

又、アリストテレスは中庸についてもう一つ非常に面白い事を述べています。何が中庸か中庸じゃないかは個人の能力によると判断しています。何が中庸かという絶対的な基準はないというのです。これは非常に深い考えでしょう。確かに貧乏で日々の生活にも困っている人にとって昼御飯のコンビニ弁当ですら人に奢ってあげるのは非常にしんどいです。奢ってしまうと自分の昼御飯すら食べる事ができないです。しかし、大金持ちは最高級のフランス料理を人に奢る事ですら「けち」に見られかねないです。その他の場面でもこれらは言えます。ひ弱な大人がプロボクサーに喧嘩を売る事は「勇気」がいる事ですが、プロボクサーがひ弱な大人に喧嘩を売る事は決してそうではないです。つまり、アリストテレスは絶対的中庸ではなく、相対的中庸を重視しているように思えます。この事は私が重視している感情を調整し、常に普通の感情を持って行動する人格者という観念に大きな影響を与えるので後に詳細に、その他の私の思想も含めて述べたいと思います。

釈迦と中道

釈迦（前六世紀頃の人、仏教の創始者、王子として生まれ、経済的にかなり裕福であったが、人生の諸問題を解決する為に修行をし、菩提樹の下で悟りをひらいた）も同じような事を述べています。彼は数年間の苦行の結果、快楽を求める事や苦行を行う事でも悟りをひらく事はできないと判断し、両方を避けた中道とその実践として八正道を説いています。八正道を次に示します。

正見（正しい見解）、正思（正しい思考）、正語（正しい言葉）、正業（正しい行為）、そして、正命（正しい暮らし）、正精進（正しい努力）、正念（正しい思念）、正定（正しい精神統一）、これらは中道の実践としてこういう生き方ができると釈迦は説いたのです。これらを見ると釈迦も人間も動物なので快楽であれ、苦行であれ、そのような極限状態では正しい判断はできないと考えたと思います。そして、これは私が言った感情を調整し、普通の感情を保たなければ、正しい判断をする事はできない事に繋がります。

もっと詳しく分析するならば、みずから外的環境を異常にする苦行に身を置いた釈迦の中道は主に外的な環境が異常だと人間は正しい判断ができないと考えていると考察されます。外的環境では、苦行では暑さとか飢えとか、快楽ではお酒、女性だとかになると思います。そして、中庸は主に内的環境（心の持ち方です。例、異常に短気な性格）が異常では釈迦の言う外的環境である暑さ、飢えのような苦しみがなく、お酒、女性だとかの快楽がなくても正しい判断はできないという思想です。これらの二つの見解には違いはあれかなり似ている点があります。中心をおいている部分が外的環境と内的環境の違いがあれ、何か共通している部分があります。釈迦の外的環境と人格者との繋がりも詳しくは後で述べたいと思います。

数千年の歴史において継続される知恵

孔子は中国、朝鮮、日本を中心に儒教という哲学で紀元前から現代までの非常に長い期間において決定的な影響を与えています。中庸という概念は現代の日本社会でも使用されるくらいです。座右の銘にしておられる方もいます。

アリストテレスはイギリス・フランス・ドイツ等ヨーロッパ文明に紀元前から現代までの非常に長い期間において決定的な影響を与えています。キリスト教が栄える前に教えられた彼の哲学は現代でも生きています。中庸は日本においても教科書等よって紹介され、影響を維持しております。

釈迦は中国、朝鮮、日本等の東アジアと更にはカンボジア、タイ、ラオス等の東南アジアに仏教という宗教（哲学ともいえる）で決定的な影響を与えました。日本でもお葬式には仏教の形式が取られる事も多いです。そして、紀元前から現代まで非常に長い影響を沢山の人々にあたえております。

このような三人の世界的に有名な人間がアジアやヨーロッパという地域に定着し、更には紀元前から現代までという時代も超えて多数の人々に影響をあたえております。そしてこの三人の中庸・中道という概念は非常に似ている部分があります。

これはある意味決定的な事だと思います。あまり意味がない哲学や宗教や習慣や制度等は、地域によっては消滅し、一部の地域でしか生き残る事はできないか、もしくは少数の人間にしかそれらが広まらないです。時代においても古代しか広まらなかったり、現代でしか流行らなかったりします。しかし、この三人は地域・時代・人数という重要な要素を含めて広がっています。その三人が中庸・中道という同じような事を言うのです。これは人類にとって非常に重要な事であり、学ぶべき手本がそこにあると言うべきでしょう。

その証拠に今まで世界の中で消えた物を思い出してください。チョンマゲは明治時代には消えていきましたし、地域を越えては広がらなかったですよね。ムッソリーニのファシズムもほんのわずかの地域と時代しか広がらなかったです。しかし、中庸・中道の思想は地域・時代を超えて相当の多数の人に広まっています。これは素晴らしいものだからでしょう。これを皆さんが体得しないわけにはいかないと思います。これを体得する事によってみなさんは人生において大きな武器を手に入れる事になります。これを手に入れる事で非常に賢く、強い、そして優しい人間になる事ができるのです。

第4章　人格者と経験及び学問

第4章　人格者と経験及び学問

人格者として必用な物

私は人格者になる為には感情を調整し、普通の感情で行動できる事（中庸・中道）が必要だと今までこの本で述べてきました。しかし、中庸・中道をより効果的に適切にするには二つの大きな物が必要になってきます。それは学問と経験です。もし、それらがなければ、いくら中庸・中道ができても正しい判断ができないです。正しい判断ができなければ、もちろん深い尊敬が得られる人格者になる事はできません。世間では人間は心が重要だといわれますが、心は決定的に学問及び経験に左右されます。この章ではこれらについて詳しく述べたいと思います。

人格者と学問

学問がなければまず人格者としての資質にかけると判断しても間違いないでしょう。例えば、知識として虎を猫の一種として認識し、猫のようにおとなしく、かわいい行動をする愛玩動物の一種だとして認識するならば、たとえ、中庸・中道の徹底した精神を持っていたとしても、正しい判断をする事はできないでしょう。まず、間違いなく、虎を猫の一種だと思い込んで、近づいて食べられてしまう事になります。

だから、正しい判断が人格者にとって大きな意味がある要素の一つなのです。様々な長所をもっていたとしても、正しい判断ができなければ人格者にはなれないでしょう。

そして、日本人なのに織田信長、豊臣秀吉、徳川家康を知らず、読む本といえば漫画ばかりで、簡単な掛算もできない人がいたらあなたはどう思いますか?その人が中庸・中道を徹底的に持っていても、人格者とは思われず、深い尊敬が得られるとは言えないでしょう。そういった内容のペラペラな薄さはその人の空気にもちろんでますし、隠す事はできないです。

又、学問は知識だけではないです。確かに学問は様々な知識を体得する事ができます。そして、知識を沢山持っていれば、持っているほど人に尊敬されやすい傾向がありますし、物事を適切に判断する為に非常に重要な要素です。

しかし、それだけではないです。学問には知識を体得するほかに、学問を追求すれば、するほど物事を深く考えるという習慣がつきます。物事を深く探求する事で世界の様々な事が見えてきますし、それがまた楽しくてたまらないので、また追求していこうという気になります。これが人生の中で好循環すればするほど深い見識がつくのです。そして、それを追求していくとどうしても読書という世界に到達します。本の世界は物凄く深くて楽しい世界です。その深くて楽しい世界にはまり込めるというのは非常に幸福な事です。それがまた、さらなる読書につながり、深い見識に至るのです。

必要な学問について

さて、人格者になるのはどのような学問が必要なのでしょうか？これは非常に重要な問題です。単なる数学の知識だけが必要なのでしょうか？歴史を全く知らなくても、数学さえしっていれば良いのでしょうか？それとも、その逆で歴史の知識さえしっていれば、数学の知識は完全になくてもよいのでしょうか？

そして、対象となる学問はどのような学問なのでしょうか？歴史と数学は対象になりますが、車の車種やアニメのキャラの知識はどうでしょうか？世の中には色々な知識があります。伝統的な学校教育の主要科目である国語、数学（算数）、理科、社会、外国語からＩＴの知識や簿記等の専門知識、女性アイドルの名前、犬・猫の飼い方や習性の知識まで色々あります。次にこれらの事についての考察をしていきたいと思います。

伝統的な学問の重視

私は伝統的な学校教育の主要科目である国語、数学、理科、社会、外国語を重視すべきだと思います。世の中には色々な知識や学問がありますが、一番重視すべきなのはこの五教科で学校において教えられる学問です。そして美術や音楽や体育等の副教科も幾分重視するべきです。これらの学問はすべての学問の基礎になり、決定的に大きな影響を与えます。国語がなければ、ＩＴの知識や簿記等の専門知識、女性アイドルの名前、犬・猫の飼い方や習性の知識が書いている本を正しく読む事はできません。外国語で書かれた本も外国語に精通していないと読む事ができません。今はインターネットによって英語で書かれた本を手に入れる事も簡単にできますし、電子掲示板を使用して外国人に直接質問し、回答してもらえます。おまけに英語でチャットに参加し、ブログも読む事ができます。そして、数学（算数）は基礎的な計算を勉強する事で数の意味を理解し、日常生活の基礎になります。又、公式や定理の基礎原理を知り、実際に問題を解く事で論理的な考え方を見につける事ができます。そして、社会は世の中の地理、日本史、世界史等世界の諸事情の概要を知る事ができ、それによって自分が読んでいる本の内容の歴史的位置を把握する事ができます。又、ニュース等において背景に歴史的知識がないと理解できない事も多々ありますが、それも理解する事ができます。理科は自然現象全般の知識がつき、概ねの自然科学の発達と内容を知る事で科学とは何かと言う事に目を開かせてくれます。

要するにこれらの五教科はすべての基礎であり、要です。これらの教育を適正に受けなければ、今後の学問を進めていく上で極めて厳しいと思います。これらなしに学問を続けても相当な努力をしなければ、知識の吸収力や応用力において致命的欠陥がでる傾向が強くなります。これらの学校の五教科をきちっと習得した上で更なる学問が必要なのです。

そして、もう一つこれらの五教科が重要だという理由があります。それはこれらの五教科がアカデミックで難しいからです。特に数学、国語、外国語は難しいです。難しいと言う事はそれらを習得する為には多大な時間をかけて集中して勉強しなければなりません。又、大量に記憶し、思考するという作業がどうしても必要になってきます。この結果は極めて高いので、長時間続けてもとぎれない集中力を身につける事ができ、おまけに大量の知識と高い思考力を身につけられます。

又、私が社会を観察してみるとこの五教科についての基礎的知識がない為に相当なコンプレックスをいだいている人が沢山いるように感じます。さすがに小学校レベルに届かない人は少ないですが、中学校レベルになると基礎的知識がない人が一定の層でいるように感じます。高校レベルになると更にそうなります。ですから、自分の学識にコンプレックスを感じるようならば、この分野から復習するのが良いと思います。

五教科ほど重視はしないですが、美術や音楽や体育等の副教科も幾分重視するべきです。人間にとって美術や音楽等の芸術に親しむ事は自分の感性の鋭さを磨く事になり、物事を深く考える上で重要な要素となります。又、体育は基礎体力の向上だとか、運動神経の発達にとって重要です。

更なる学問について

次に基礎的な学校教育をきちっとした後に常に自分を高め続ける為に色んな分野の本を読む必要があります。小説から歴史や統計学から女性アイドルの名前、犬・猫の飼い方まで内容は幅広く、読む事が必要になってきます。偏りがあるのはあまりよくないと思います。小説ならライトノベルだけを読むのではなくて純文学も読むだとか、歴史なら中世だけ読むのではなくて、近世や現代も含めて読むだとかそういった対応が必要になると思います。地域も東洋だけじゃなく、西洋も含めて広く読む事が良いと思います。

そして、これだけの事をするには受験勉強の動機によく見られる学歴を得て、人に認められたいとか、高い地位や収入が欲しいとかではとうていモチベーションを維持する事はできないでしょう。更なる学問については生涯続くものです。終わりは死ぬ瞬間です。ですから受験勉強のような短距離競争ではありません。マラソンのような果てしない長距離です。確かに受験勉強は学問の基礎力を形成するのに非常に適しています。しかし、教養を生涯磨き続け、人格者になる為の学問を身につけるには不適格だと思います。

私が考察するには今の時代、受験勉強ですべての学問が終了したと思い込んでいる社会人が多いです。俗に一流と呼ばれている大学を卒業した人間でさえもそのような人を良く見かけます。彼らにとって学問は出世と金を得るための道具です。このような学問に私は非常に否定的です。このような学問を道具として扱うと、自分の今後の成長が全くありません。

そういった悲しい状況が見られますが、それを唯一打破する方法があります。それは純粋な知的好奇心です。そのような好奇心があれば、学問自体が楽しいものになりますので、マラソンのような果てしない長距離でも負けずに走り続ける事ができます。生涯続く事なのでこれは重要な事だと思います。

学問と経験について

今までは学問について述べてきました。次は経験についても記述させていただきます。学問は確かに重要な事ですが、こればかりに集中すると机上の空論になりやすいのが欠点です。

学問は自分で体験する事を基礎としていなく、本から学んだ事が中心です。ですから、学問と経験はお互いに欠陥を補いながら進んでいかなくてはなりません。学問重視主義は経験の大切さを忘れがちです、逆に経験重視主義は学問の大切さを忘れがちです。まさにお互いの関係は夫婦のようなものです。お互いが支えあってこそ、人格を深める正しい判断ができるようになるのです。

経験とは何か?

経験とは自分で直接体験したものです。本で読んだものでもなく、人から聞いたものでもないです。経験はそれらのような間接的なものではなくてより直接的なものです。直接的なものである為に非常に深いです。

例えば、本の文字によって書かれた田園風景はあくまで、文字で記述されたものなので、目で見る事も耳で聞く事も鼻で匂う事もできません。ただ、なんとなく頭の中で文字から想像するだけです。これでは非常に浅はかな知識しか得る事はできないです。そして、印象も薄い為に深く頭の中に残りません。何か頭の中にあんまり残らない事が多いのです。

しかし、経験は違います。目で見て、耳で聞いて、鼻で匂う事ができます。そこからもっと具体的で生きた情報を得る事ができます。田園風景に直接自分の足でいってみれば、本から得る情報よりはるかに具体的で深い情報を得ることができます。青い空を見て、風の音を聞いて、花の蜜の匂いも体験する事ができます。これは本とは大きな違いです。

経験の深め方

経験を深める作業というのは純粋に年齢を重ねていくのが当然に必要となってきます。いくら学問ができる聡明な子供でも、十歳程度ならばとても大人と同じような経験値があると考えられないでしょう。どうしてもある程度の時間がかかるものです。これを急速に早めるという事はとても困難です。ただ、学問をしていると思考する癖がつきやすいので経験の吸収力が高まるのは確かです。ですから、学問は経験に繋がり、経験は学問に繋がるというお互いを補足しあった夫婦のような相互関係になるのです。どちらかが大切というものではありません。

　しかし、経験の吸収率を増加させるという事はできます。それは常に意識して、考える事です。常に意識して周辺の状況を観察し、分析すれば得られる経験はいくらでもあります。もちろん、それなりの学問がないと経験の吸収率は減りますが、意識するか、しないかで相当な差がでると思います。ロシアの諺にも「注意力が欠けている人は森を歩いても薪を見つけられない」というのがあります。それほど意識するという事は非常に重要なのです。意識すれば森（社会）の中からいくらでも薪（経験）は見つける事ができます。

経験の短所と学問の長所

ただ、経験には大きな欠点があります。それは経験が手軽に体験できないという事です。つまり、経験をする為には多大なコストやリスクが必要になってきます。田園風景を見に行くにも電車賃がかかりますし、多大な時間も消費されます。まだ、田園風景ならまだしも、暴動や戦争や災害の現場を体験するには自分の命を賭けなければならないという最大のリスクも必要とされます。このように経験は深い分、そのコストとリスクが大きく関係してきます。それが短所です。

しかし、それに対して学問は人によって書かれた本を中心に人が経験した情報を文章で読み取る行為です。もしくは人から聞く行為も学問です。自分が体験していない分、得られる情報は浅いですが、手軽に多くを得ることができます。経験ならば現地に行くので大変な時間と労力と危険が必要な場合があります。しかし、学問にはそれがないというところが長所なのです。

　そして、最大の長所として学問は過去を知る事ができるという特徴をもっています。私達はどうしても昔の事は経験する事ができません。私は何回も明治時代、江戸時代、戦国時代、室町時代、鎌倉時代、平安時代に行きたいと思う事がありました。しかし、タイムマシーンが発明されないかぎり、それは夢物語です。

　しかし、本を中心とする学問は違います。学問は時代を遡る事ができます。現代にも江戸時代等の先人が書き残した文章が多数残っています。それによって当時の時代背景や思想や文化等を多数知ることができます。ここが学問の大きな利益です。私たちは絶対に現代という時代しか生きる事を許されていないです。しかし、現代だけしか生きるのを許されていない私達が現代を経験する事だけで、世の中の事を深く理解する事ができるでしょうか？私はできないと思います。現代が歴史の中でどのような位置にあるのかを知り、過去の世界がどのようなものかを知る事も重要だと思います。これらを経験する事ができない私達はどうしても本を中心とする学問に頼る必要があるのです。まず、私たちが過去の世界に戻れるタイムマシーンは発明されないでしょう。

経験と学問の統合

経験と学問を統合する事によって、さらに適正な判断ができるようになります。傾向としては学生時代にスポーツや遊びに打ち込むよりも、受験勉強をしていた人間は主に本から教えられた事を記憶し、考える特性を持つ学問の影響をうけ、思考が中心になります。それとは逆に、スポーツや遊びに打ち込んで受験勉強をしなかった人間は経験しないとわからないと考えるので行動が中心になります。どちらも大切な事です。世の中には考えなければわからない事が多いが、同時に考えた事を実行して見ると違う事が沢山あるのがわかります。これらを統合するのが正しい判断をする上で非常に重要な事になってきます。

例えば、解剖学の歴史で説明すると、昔は猿や豚という動物を解剖して、それに当てはめて人間の体がどのようになっているかを把握していました。しかし、時代がかなりすぎると人間自体を解剖して確かめるようになりました。そして、人間を解剖してみると猿や豚を解剖して予想したものよりもかなり違っていました。ましてや、何もしないで、もし人間の体を頭の中でどのようになっているかを想像して、記述したら、どのような感じになるでしょうか？相当な間違いをしてしまうでしょう。生物学的に類似する猿や豚を解剖して、人間の体を考察しても、間違っている事も多いのです。ですから、どうしても人間を解剖しなければ、真実はわからないでしょう。これらは実際に経験しなければ、考える事だけでは何も理解できないという事例の一つです。

しかし、同時に考えなければならないです。人間と同じ哺乳類の猿や豚を解剖対象にするのではなく、何も考えずに爬虫類のワニやヘビを解剖対象にしていれば、さらに間違いも多かったと思います。そこには確実に人間がワニやヘビより猿や豚に類似しているという考察があったに違いありません。これらは経験と学問（思考）の必要があるのを示しています。それにより人格者に必要な適切な判断ができるのです。

基礎学力のない人への提言

前にも述べましたが、社会には基礎学力にコンプレックスを持っている人が非常に多いと感じました。小学校レベルの事がわからない人はあまりいないですが、中学校レベルになるとかなりわからなくなっている人が多いと感じます。高校レベルになってくると尚更です。しかし、働くようになると勉強できる時間がありません。ここは大きな問題です。

特に日本は会社を辞めてから大学に行くというような事ができない社会です。アメリカは会社を辞めて大学にいく事ができる社会です。アメリカでは会社を一度辞めてキャリアを中断して、数年間勉強しても、中途採用が発達しており、雇用流動性が高い為に会社に戻ってくる事が可能です。しかし、日本では一度会社を辞めるともう一度会社に正社員として戻ってくる事はなかなか難しいです。ましてや大手企業になるとキャリアの中断や中途採用を非常に嫌う傾向があります。このような日本特有の社会ではなかなか、社会にでてから学問を続けるのは難しいと思いますが、そのなかで少しでも自分の人格を磨く為に勉強をしていただければ嬉しいので私が思う方法を紹介します。

私が一番効率的と思う方法は夜に勉強するよりも、朝一時間早く起きて勉強する事です。夜に仕事が終わって家で勉強するのはどうしても集中力が弱ってしまいます。仕事が終わってほっとしているので、緊張感が抜けてしまい、リラックスモードになっていますので、そこから再び気合をいれて勉強するのは難しいです。しかし、朝、一時間早く起きて勉強する事によって、朝の気力に満ちた状態で集中する事ができます。これは大きな利点です。又、夜に帰ってから勉強すれば、どうしてもテレビを見ながらダラダラ勉強する事になりがちですし、さらにはリラックスモードになるので、明日からはじめようだとか、今日はしんどいとかになりがちです。だから朝一番の仕事として取り掛かるのが素晴らしいと思います。

　そして、一日一時間勉強すれば一年で三六五時間の勉強をする事になります。三六五時間の勉強時間が取れれば、学校の授業時間は一時限で四五分とすると一年で四八六時限に換算できます。学校は約年間、千数百時限あるので結構大きな時間が一年で取れるのです。それをかなりの長期間続けると学校で勉強した時間をすべて勉強する事になります。しかし、私はそんなに時間をかける必要はないと思います。殆どの人はある程度の教育を受けています。だから、効率的に六年程度真剣に勉強に打ち込めば、基礎学力を身につける事ができると思います。高校卒業していない人は通信制の高校等で勉強すれば良いと思います。働きながら勉強する事はしんどいかもしれませんが、楽しい側面も沢山あります。学生の時は勉強が嫌いな人が多いのですが、社会人になってからは勉強したいという大人が沢山います。

私としてはこういう大人が勉強できる時間を政府が確保し、いつでも会社に戻れるような社会を作るべきだと思いますが、現状ではそのような社会にはなっていません。しかし、人がその人格を成長するのには学問が絶対に必要な事と思います。そして、基礎学力がついた後でも様々な本を読んでください。ある分野に限らず、色々な本を読んで世界の事を理解してくれると嬉しいです。学問は死ぬまで続きます。これを書いている私も時にはくじけそうになり、数年間何も読まない時もあり、また、数年間読み続けるという繰り返しです。お互いにがんばりましょう。

経験及び学問と歴史的見解

さて、次に経験及び学問の歴史的見解における評価を見ていきましょう。このような人格者に必要な原則は概ねは古代から示されている事が多いです。中庸・中道と同じようなものです。ここで歴史的見解を指し示す事で説得力が数段上がります。

まず、最初に孔子に代表される儒教です。儒教の重要な書物「論語」は学問を非常に重視しました。自分よりレベルが低い人間から教えて貰うという行為を恥とは考えず、むしろ、素晴らしいと考えました。そして、学問がなければ、色々な意味で判断に間違って人に迷惑をかけたり、自分を傷つけたりするとも言っています。これは私が適切な判断には学問が必要と考えるのと同義です。

次にソクラテス（前四世紀頃の人、アテネの哲学者。裁判により死刑判決をうけた。しかし、不正な裁きであっても、それに従い刑死した。）は「無知の知」を説いています。彼は自分が人間として重要な善悪を判断する知恵が欠けている事を知っていました。それゆえに自分が知らないという「無知の知」を知っており、そして、その知恵を得たいと考えて知を愛する事が正しいと考えました。

このように知つまり経験及び学問を重要と考える思想は東洋及び西洋と地域を越えて広がり、時代も超えて現代に残って多数の人々に影響を与えております。

第5章　人格者と優しさ

第5章　人格者と優しさ

人格者に必要な諸条件

さて、今まで人格者として重要な条件を二つ述べました。それを次に挙げます。①中庸と中道。②経験及び学問です。そして、その他にも重要な条件が後一つあります。いくら感情を調整し、普通の感情で経験及び学問を基礎として適切な判断及び行動をしていても自分の事ばかり考え、人の痛みを何も考えずに行動したりしていては何も人格者とは言えません。人格者とはそのような自己中心的な人間ではありません。自分の利益と人(もしくは他の生命等)の利益をバランスよく考え、行動できる人間でなければとうてい人格者とは言えません。この章ではこの事を中心に述べたいと思います。

優しさとは何か？

優しさとは何かという問いかけに対して、私はあの人が好きだから、あの人に優しい。私は猫が好きだから、猫に優しい。私は犬が好きだから犬に優しいというように何々が好きだから何々に優しいというのは本当の優しさと思っていません。じゃあ、逆に私はあの人が嫌いだから、あの人に厳しい、私は猫が嫌いだから、猫に厳しい、私は犬が嫌いだから、犬に厳しいという風にもなります。自分が対象を好きだから、相手に優しいというのは基本的に自己中心的な動機です。好きな対象に優しくできるのは誰だってできます。自分が対象物を好きになればなるほど、自分が対象物と同一化してしまいます。そして、その対象物に優しいというのは自分に優しくするのと同じなのです。なぜならば、好きな対象物は自分に精神的な利益等を与えてくれるからです。

つまり、本当の優しさとは好き、嫌いに左右されずに、相手の気持ちに立てると言う事です。好きや嫌いに関わりが無く、相手の立場を自分の立場と同じと考えて行動できるという事です。しかし、現実的には難しいでしょう。人間には感情があります。この嫌いという感情は凄いもので対象物を完全に破滅させてやりたいという邪悪な意志が働きます。この嫌いな対象物に優しくできるほど人間は利他的に作られてはいないです。

例えば、ヘビを見てみなさんどう思いますか？私はそんな気分にはならないです。ヘビが苦しんでいたら助けてあげようと思いますか？ヘビが苦しんでいたらヘビは私が苦しんでいても何も同情はしてくれないですし、むしろ、苦しんでいる私に鋭い毒牙で噛み付こうとします。逆に猫だったらどう思いますか？私はもし、猫が苦しんでいたら助けてあげたいという気分になります。逆に私が苦しんでいたら、猫は何もできそうにはないですが、同情の目で擦り寄ってくる可能性もあります。

このような好きなものに優しい、嫌いなものに厳しいという事は私達の本能であり、完全に克服できないものなのでしょうか？

中庸・中道と優しさ

このような本能的に好き、嫌いが行動に直接影響をうけるように作られている私達のような人間はこれを完全に無くす事は不可能です。私達はロボットではありません。感情がある生物です。毒牙を持って攻撃し、威嚇してくる蛇をどうやったら好きになれるでしょうか？とうてい不可能と思います。しかし、これを完全に克服する事はできませんが、中庸・中道によって感情にバランスをとり、対象物に対しての好き、嫌いの程度を極端にしないが事できます。毒牙を自分に向けて、威嚇してくるヘビは嫌いでも、自分に危害を加えない芋虫は嫌いではないという感じですね。このような感情を調整する事によって、別に自分が好きでない対象物に対しても優しくする事ができます。もし、中庸・中道によって普通の感情で見る事ができる対象物を増やす事ができたら、優しくできる対象が大幅に広がります。人間から芋虫まで優しい感情を持てる人間です。素晴らしいとおもいませんか？対象物が好きだから優しいというのは自分自身が好きなのと変わりません。それは対象物から自分が精神的利益を受け取っているからです。好きでもないし、嫌いでもない対象物に対して優しくできるというのは別に自分が対象物から精神的利益を得ているのではないのです。だからこそ本当の優しさなのです。又、好き、嫌いがあまりはっきりしてないので、嫌いな対象物に対しても完全な排除はしないで、一定の距離を置く事ができます。

例えば、大嫌いな人に対して中庸・中道によって感情にバランスをとる事で対象物に対しての好き、嫌いの程度を極端にしなければ普通に嫌いな人になります。そういった人に対しては一定の距離を置く事ができるのです。距離を置くという事はお互いにできるだけ接触を控えると言う事です。

ですからお互いに摩擦が起こる事が少ないです。しかし、中庸・中道で感情を調整できなければ、距離を置いても相手に我慢できずに攻撃してしまい、お互いが消耗するドロ試合になりかねないです。優しさも中庸・中道を基礎としなければまったくの空論になってしまいます。見てください。世の中には自分が好きな対象物にだけ優しい人がどれだけいるか！

経験及び学問と優しさ

では何に優しくすればよろしいのでしょうか？何にでも優しければよろしいのでしょうか？　生きていない物にまで優しくすればよいのでしょうか？例えば、座っている椅子が重みに悲鳴をあげてキィキィと音が鳴っているので椅子さんを慰めてあげようと優しく声をかけてあげればよろしいのでしょうか？

それは違うと思います。何に優しく、どれだけ優しく、どのように優しくするという事を理解していなければならないと思います。これを判断するには経験及び学問が重要になってくると思います。まず、何に優しくすべきからいきましょう。

先に例にした椅子は極端な例で、私が冗談で言いました。(笑)もちろんですが、優しくするのは生物だけです。物質に優しくする意味はないでしょう。そして、生物も人間、猿、豚、鶏、蛙、鰯、カブトムシ、蜘蛛、稲、麦、エボラウィルスまで幅広いです。これらの生物を見てみれば、知能も感情も形や住んでいる所も違っています。食性も雑食、肉食、草食、光合成等と様々な形があります。

そして、このような幅広い生物に対してどの範囲まで優しさをかけて行動するか判断するのが、経験及び学問です。これには方程式の解のようなきちっとした答えは無いです。人間だけと答える人もいるかもしれません。哺乳類(人間を含む)と鳥類と答える人もいるかもしれないです。魚類や昆虫や植物も含める人もいるかもしれません。

しかし、エボラウィルスまで優しさの対象とする人は殆どいないと思います。どこまで優しくするべきかという方程式の解のようなきちっとすべての人に共通する答えはないですが、それを判断する指針として経験及び学問があるでしょう。もし、万が一、植物に人間のような喜怒哀楽の感情を持っていると学問上発見されれば、植物まで優しさの対象になる人が増えるでしょう。経験及び学問は優しさの大きな指針になるのです。

次に、どれだけ優しくするかという問題に入ります。生活保護は日本においては人間にしか認められていない権利です。それを猿に認めましょうか？猿までには認めなくても、人間が猿の生息域を壊してしまって、猿が食料に困った時だけ、食料を人間が猿にあげる方式でいくのが正しいですか？それとも、人間の手を加えないでも、自然現象で猿の餌がなくなり、猿が多数餓死の間際にいたら、その時も猿に人間の手から食料を与えるべきでしょうか？このような猿の状態がもし、カエルだったとしたらどうでしょうか？カエルじゃなくエボラウィルスだったらどうでしょうか？これらも方程式の解のようなきちっとした答えはないでしょう。経験及び学問が大きな指針となるのです。

　次にどのように優しくするかという事を述べましょう。もし、優しくしようとしても優しくする対象物の性質を把握していなければ、当然、優しくする事はできません。例えば、猫がしんどそうな時にチョコレートを与えてみる事が優しさと思う人がいるかもしれません。しかし、猫にとってチョコレートは毒なのです。猫にはチョコレートの中に含まれているテオブロミンという物質を分解できる力がありません。では、バッタとキリギリスを別にしていたら、寂しそうなので同情して同じケースに入れる人がいるかもしれません。そうしたらどうなるでしょうか？キリギリスには餌なのでバッタはすべて食べられてしまうでしょう。実は私が子供の時にこれと同じ事を昆虫採集の時にしてしまって、泣いてしまった事があります。けっこう苦い思い出です。今になれば思い出話なのですが。（笑）これらには方程式の解のような物はいくつか存在しますが、それらも経験及び学問によって知らないと意味が無く、優しさを有効に発揮する為には不十分です。

諸条件が互いに機能しあう事の重要性

今までに人格者としての条件に①中庸と中道。②経験及び学問。③優しさとあげてきました。これらは単独で存在するものではなく、お互いに関連して存在しています。中庸と中道があって、経験及び学問があっても優しさがなくて自己中心的であれば、人格者として失格です。又、経験及び学問があって、優しさがあっても自分の感情を調整する事ができなくて、好悪の感情が激しく、沢山の嫌いな人間がいては優しくできる対象が限られ、優しさも有効に発揮できないです。又、中庸と中道があって、優しさがあっても経験及び学問がなければトンチンカンな事をしてしまいます。これらの3つはお互いに支えあっているのです。一つが欠けても意味がなさなくなります。むしろ一つが欠けるくらいなら三つとも中庸・中道になぞらえて中途半端にある方が、人格者にはならずとも欠陥人間でもない普通の人間になれるでしょう。これらの諸条件の相互関連性は非常に重要なのです。

優しさと歴史的見解

優しさが重要だというのは歴史的にも多数の偉大な人間が述べてきました。例えば、東アジア世界においては孔子が仁の思想を説いており、この思想は孔子の中心です。そして、仁とは「人への愛」という意味です。孔子は仁という思想を非常に大切にしました。この思想は家族間に自然に起こる親愛の情を、社会全体に広げていこうという考え方です。これも優しさの一種と解釈できます。

又、ヨーロッパ世界ではイエス・キリスト（一世紀頃の人、大工の子供に生まれながらも、不幸な人々を救済し、キリスト教の開祖となる。）がアガペー（無償の神の愛）を説いています。つまり、神が人類を永遠に無償で代価を得る事なく愛しているので、それと同じように人間同士も愛し合うべきであるという意味。孔子の家族愛を社会に広げていくという意味とは違いますが、優しさの一種と解釈できます。

そして、最後になりますが、釈迦が慈悲を説いている。それは自分よりも愛しいものはなく、それと同じように他人も自分が愛しいので、生物を慈しみ、哀れむ精神です。これも優しさの一種です。

つまり、この優しさが人格者にとって必要なのは歴史的見解からも証明できるのです。中庸・中道と同じです。長年にわたって地域、時代を超えて多数の人に影響を与えている概念です。これを皆さんが体得すれば、広範囲に人々に影響を与え、尊敬されるようになるでしょう。そして、それはあなた達にとって重要な事なのです。

第6章　どのようにして感情を調整するか？

第6章　どのようにして感情を調整するか？

感情調整についての実務的な話

　ここでは感情調整について、具体的な話をしようと思います。先程までに人格者について必要な三要素をすべて述べてきました。（そして、経験及び学問の身につけ方も感情面からのアプローチは少ないですが書きました）でも、この三要素を知っただけでは人格者にはなれません。所詮、知る事だけで、できないからです。

　知っている事とできる事は同じと思い込んでいる人が世の中には多数います。金魚は水の中で呼吸できます。人間は水の中では呼吸する事はできません。しかし、人間は金魚が水の中でなぜ呼吸できるか金魚よりはるかに知っています。知る事とできる事は違います。

　社会に出てからこの違いがわからない人に多く出会いました。ここではどのようにしたらそれができるかを書いていきたいです。又、私の三十数年の人生経験を踏まえた上での見解であり、ある程度効果があると思います。では、はじめましょう。

感情の調整は難しい

私が生きていて思う事は感情の調整は非常に難しいという事です。あまり悪い事をしていないのに、非常に大声で怒鳴られたりして、激しく怒りを感じる時に怒りを緩やかな怒りに変化させる。これは非常に難しいです。ルールはどうせ作られた物でそんなもの違う所にいけば変わるものなので、厳守する必要は無い。だから、人に暴力をふるったりしないだとか本当に重要なルールさえ守れば良いと考えるタイプなので、こういう事が私には結構あります。こういった時に心の奥底から業火のように沸いてくる怒りを緩やかな怒りに変えるのは難しいです。注意にも様々な方法があったはずと思います。そこまで厳しく言わなくてもという強い感情が湧きます。

それだけではないです。私は経験した事がないですが、本当に大切な人を亡くした時にはどうやら心に穴があいたような感じがするらしいです。それも数年にわたって・・・よく聞くのは長年連れ添った配偶者を亡くすと自分の半身を失くしたような感じがするらしいです。心の中で生きていた時に夫（妻）にもっと喜ばれるような事をしてあげたらよかったと後悔の念にさいなまれるそうです。中には、事故で愛する人が亡くなったので自殺した人もいるとテレビで聞いたことがあります。そして、愛するあまりにストーカー殺人もよく聞きます。

これを考えると感情を調整するのは難しい作業だなと思います。私も怒鳴られた後の三日間くらいは相手への怨念だけで生きている事もあります。しかし、その内に怒りが自然になくなってきます。一週間くらいしたらあまり思い出しませんが、ふと強烈に思い出す時があります。自分の勉強があまりはかどらない時（学生時代は特に数学）には昔、怒鳴られた記憶が頻繁におこります。ですから、心の中には復讐心が煮えたぎっている時があります。今も感情の調整にむけて日々練習しています。そして、成功例も多々あります。

しかし、どれも長い時間をかけて成立させたものであり、手軽に手に入れたものではありません。あまりに強い感情は日々の生活の中でなくなりますが、ある程度の強い感情は残ります。感情を調整する事は毎日、朝飯を食べる習慣をつけるような優しい事ではないです。子供の頃から自然にそのような激怒や溺愛しない習慣を身につけてきた人ならできるかもしれませんが。大人になってから子供時代から身につけてきた感情を変えるのには非常に苦労をします。

感情的になる瞬間に止めて、違う事をして忘れる方法

　最初に感情的になる瞬間に止めて、違う事をして忘れる方法を述べます。例えば、人に何かをされて心の奥底から怒りが湧いてきた時に、それを自覚して止める方法です。怒りが湧いてきた瞬間と同時に止めろと脳から命令し、同時に思い出さないように何か違う事をする方法です。最もスタンダードな方法であり、よく知られた方法です。これは怒りだけでなく、悲しみや嫉妬等のあらゆる感情も同じです。

　この方法は感情が強すぎない時に向いていると思います。例えば、心の奥底から燃えたぎる業火のような怒りを止める事には向いていません。もし、そのような強い感情を止めようとしても煮えたぎった溶岩に一滴の水をたらすようなもので意味はほとんどありません。逆に強い感情を爆発させてしまうでしょう。止めても感情が少なくなるどころか蓄積されてきますし、容易に違う事もできません。しかし、ある程度怒りに感じてしま

う行為をされた時にする事で冷静に物事を処理できるようになります。

又、その他に有効な点としては思い出す事で感情をさらに強めてしまうという悪循環を断ち切れると言う事です。おまけに何回も思い出さない事で思い出す癖がつくのを防げます。そして、そうできなければ地獄です。感情が強くなり、おまけに思い出す癖がつけば、更に感情が強くなるという悪循環です。例えば、僕の経験ですが、相手に腹が立ってある程度の怒りが起こった時に、それを頭の中で何回も思いだす事によって逆に怒りが強まってきます。又、思い出す癖がついているので、より怒りが強まります。そして、最後には非常に強い感情に変わって自分では処理できないようになるのです。そうなると相手を恨んでしまいます。このようにならないようにしなければなりません。このような習慣をつけるとある程度感情的になったものが更に強い感情を帯びて自分と他人を攻撃してきます。そして、中庸・中道の感情が取れなくなり、適切な判断ができなくなるのです。これには注意しなければなりません。

この程度の感情を調整するのは忘れるという事が一番重要です。その為に、その感情を止めた後に何か気晴らしをする必要があります。だから、インターネットで自分が好きな物を色々見たり、ショッピングに出かけたり、スポーツに打ち込んだりする事が良いと思います。そうする内に、徐々に思い出さなくなり、怒りも消えていきます。そして、最後には怒りは記憶が消えていく中で完全に過去の物となります。私も学生時代にされた事を思い出しても今では殆ど怒りを覚えないです。これは非常に重要な事です。私も過去の事に対して完全に感情がなくなったわけではないですが、過去の感情の奴隷にはなっていないです。これによって適切な判断ができるようになるのです。

又、過去の事でなくても突然キレてしまう事で自分にとって不利な事をしてしまう失敗がなくせます。私の知っている人で会社の年間会議の席で自分の仕事方法を会社の幹部連中に相当に批判され、それも納得できない理由で批判された人が突然、会社の幹部達に激怒してしまった事がありました。これによりこの人は会社の幹部達に目をつけられ、ほぼ昇進する事が不可能になってしまいました。一生、平社員として幹部に睨まれながら働き続けるしかありません。もし、このような時に怒りを抑えて、頭の中で羊が一匹、羊が二匹、羊が三匹と数えていたら、激怒せずにいられたかもしれません。そうしたら、会社の幹部連中に目をつけられなかったでしょうし、良い人間関係を継続できたかもしれません。更には、激怒しなければ、何か幹部達に自分は正しいと納得させる方法を理論的に思いつく事もできたはずですし、もし、それができなければ会議が終わった後の飲み会でひたすら仕事はできないかもしれませんが、がんばっています。そして、あなた達が大好きですアピールという工作もできたかもしれません。そうしたら、仕事ができない奴でも。要領よく、かわいいマスコットとして会社の中で居場所を確保できたかもしれません。

こういう例をみるといかに感情に左右されないのが重要かいうのがよく理解できます。それも怒りだけではないです。すべての感情においてもそうです。怒り、悲しみ、憎しみ、喜びも含めてそうです。

それと最後にもし、思い出さない事に失敗し、おまけに思い出す癖がついてしまって怒りがこれらの相乗効果により強まっても最後は時間が解決してくれます。どんな強い感情でも慈悲深い時間が解決してくれるのです。強まるにも限界があります。その限界点を迎えれば、後は時間が経つ程、徐々に怒りが弱まっていきます。又、内容によっても限界があります。例えば、道端で子供にハゲと言われても、普通の大人ならわずかな怒りしか起こらないです。このような怒りなら、何回思い出しても強まるには限界があります。

逆に思い出し、冷静になる事により、その出来事に慣れる方法

　こちらも感情が強すぎない時に向いていると思います。例えば、ゴキブリに対して恐怖心を抱く人がいるとします。だれでもゴキブリは気持ち悪くて、あまり隣にはいて欲しくない生物です。しかし、そのような生物が常にいるような環境であれば、慣れてしまいます。

　もっと詳しく言うなら、発展途上国にいけば、ハエだらけです。テレビでハエが市場の食物に沢山ついているのをよく見ます。日本ではあまり見ない光景です。そして、発展途上国の人はそんな事を気にしないで食物を食べています。ようは慣れているのです。このように慣れはすごいものです。慣れは人間の感情を中庸・中道に戻すのに役に立ちます。頭の中で少し嫌だなと言う事を何回も思い出してください。そして、そこで嫌がらずに冷静な感情を保ってください。それを繰り返す事で嫌がでも慣れてしまいます。しかし、これは感情が強すぎない時です。強すぎる時は難しい

です。

感情の原因となる考え方を根本的に変える方法

今までは感情が強すぎない時に適している方法を説明しました。しかし、これだけでは業火のような怒りに対処する事や事故によって自分の両足が無くなってしまったような心の奥底から湧き出る悲しみに対応する事はできません。これに対応するには自分の根幹的な思想から変えなければなりません。自分の思想を変える事で自分の感情そのものを変える事ができます。これは非常に強い感情でも変えられる可能性を持っています。（もちろん、感情が強すぎない時にも使用できます。）しかし、思想自体に自分の感情が宿らなければならない為にかなりの時間と努力が必要です。思想が自分の血や肉になる作業をしなければなりません。それも、感情が強いものであれば、あるほど自分が今まで生きてきた価値観を変える必要があるので非常にしんどいです。子供の時から自然に中庸・中道に導かれるような感情に親から教育を受けていれば、こんなに苦しむ事はないのにとも感じます。

具体的にこの方法を述べるならば、哲学であり、宗教であります。例えば、「世の中は残酷で無常なものであるからすべての辛い事は受け入れなければならない。それでこそ本当に強い人間になる事ができる。病気で失明しても、交通事故で両足を失っても、奴隷として生まれ、白人に酷使されてすべてを奪われる時代に生まれたとしても、生きていかなければならない。その中でめげずにわずかの楽しみを見つけ、生きていける力を身につけられる事は精神的に成熟した強さを持っている素晴らしい人間の証である。」と価値観を変える事です。これは私が考えた一例です。いくらでもそのような哲学や宗教はあります。儒教や仏教やキリスト教等は人生の糧となる要素があります。人生は何が起こるかわかりません。たとえ、裕福な家族に生まれたとしても、晩年には惨めな転落人生も考えられますし、それに芸能人を見てください。具体的な名前は書かないですが、二十代から四十代までの間で夭折している人が結構います。こういった残酷な世界の中で自分の感情の調整をするには哲学や宗教しかないと思います。死は永遠の自己消滅と考えると非常に怖くなりますが、永遠の眠りと考えると気持ちが楽になります。私は眠る事は怖く無いです。しかし、これは甘くは無いです。本当にそうであると信じなければなりません。それも強い感情を克服する為なので一点も疑問をいだかないくらい信じなければなりません。何年も何年も信じる努力をする必要があります。甘くはありません。自分の血や肉のようにしてください。みなさんにはどの哲学及び宗教が適するかはわからないです。神が信じられない人は哲学を神が信じられる人は宗教を信じてください。自分の文化にあったものではないと本当に信じる事は難しいと思います。それを探して信じてください。日本の武士道でもかまいません。

　最近の日本は哲学や宗教を軽視する傾向があり、経済的な豊かさに目がくれて腐っているように感じます。しかし、そういった生きる道を信じるならば、人間に大きな力を与えてくれます。富だけが幸せではないです。むしろ精神的に満たされている事の方が幸せかもしれません。

　その他にも感情が強すぎない時には哲学や思想じゃなくとも、嫌な感情が心から湧く時は自分の好きな音楽やテレビ番組とその感情を頭の中で結びつける事で感情を和らげたりもできます。例えば、相手にからかわれた時にはテレビのお笑い番組と結びつけて、嫌な思い出から楽しい思い出に記憶を変換したりする事もできます。そして、その他にも上記に記述した方法をミックスする等色々なやり方がありますが、それは読者自身が試してください。

一個人としての哲学的な助言

ここでは哲学的な助言をさせていただきます。特に私のような怒りという感情に苦しむ人に有効と思います。それは人間の世界は**「人があっての世界」**という事です。いくら自分が正しいと信じていても人が正しいと信じてくれるかはわかりません。自分を評価する対象は自分と他人です。しかし、自分と他人の評価は異なる事が沢山あります。皆さんも女性の誰を美人と思うという話の時に、周りの人と意見が違う事が多々あったと思います。そうです。それなのです。

ですから、自分の自分に対する評価と他人が自分をどのように評価するかとの間にバランスをとらなければならないです。たとえ、誰かにきつい怒られ方をして不満でも、その怒った人にとってはそのような評価なのです。自分の評価を正しいと思う事は自分の価値観を相手の意見に思うままにされないようにし、自分の利益を守る為に非常に重要なものです。しかし、相手の評価とのバランスを考えないと相手をすべてにおいて悪と考えるようになります。そして、相手が悪いか自分が悪いかを正しく判断するのは経験及び学問なのです。もちろん、感情が調整できなく、強くなりすぎれば感情の奴隷になって、経験及び学問も役が立たないです。そして、相手への優しさがなければ、自己中心的な判断しかできません。これらは生きていく上で重要なポイントと思います。

純粋な知的好奇心という感情

今までは主にマイナスの感情をどのように調整するかという事について説明してきましたが、ここでは感情の側面を別の視点からとらえて、どのようにすれば純粋な知的好奇心を持てるか？という話題。つまり、どのようにすれば純粋な知的好奇心という人格者になる為に必要なプラスの感情を持てるかを書いていきたいと思います。

あくまで私の個人的な経験からでしか話をする事はできませんが、私の純粋な知的好奇心は子供の頃の学校の勉強がわかるのが楽しい。だから更にやってみたいという感情から始まりました。そして、子供時代の純粋な知的好奇心が大人になっても維持されているような感じです。もちろん東大に入学できたわけではないので、すべての難しい問題を解けるというわけでもないです。そして、自分では越える事ができない壁にもぶつかりましたが、それで勉強が嫌になったというわけではありません。むしろ、壁にはぶつかりましたが、ぶつかった時は別の方向にいきました。つまり、越えられなかった場合はむしろ違う分野の学問や経験の世界に目がいきました。偏差値という競争の世界では私は大きな成果を得る事はできなかったのは確かですが、そこから離れて、自分が面白いと思える分野にはまっていきました。競争から面白いという世界の方が重要になっていき、競争なんてどうでもいい、自分が面白ければ良いというふうになりました。

だから、私は競争の世界から離れて面白いというふうにならなければと思います。東大にいける人間はほんの少しです。ほんの少しの選ばれた人間になる事は非常に難しいです。もし、そのエリートに絶対ならなければクズでクズに生まれたのならば、純粋な知的好奇心を持つ必要は無い。馬鹿には何もいらないという考えでは誰も自分を磨く事はできません。競争よりも面白いという感覚を重要視します。学校の勉強において壁にぶつかれば、自分の能力の無さを嘆いて、すべてを諦めるのではなくて、むしろ自分が楽しいと思える分野を探すのが効果的と思います。そうすればそれが自然に純粋な知的好奇心に繋がり、学問や経験の探究へと繋がります。そして、その為には学校の勉強を自分の能力の壁が見えるまで必死に努力をすべきと思います。基礎学力がついて、その壁が見えてからはじめて面白いという方向に移るべきと思います。そうしないと勉強の面白さを深く理解する事はなかなか難しいですし、机に長時間向かって思考する忍耐力がつかないです。

どのようにしたら優しいという感情が持てるだろうか？

次に優しいという人格者として必要なプラスの感情をどのようにしたら持てるのだろうかという問題にいきます。ここでもやはり私の個人的な体験になります。そのような形でしか話を書くことはできないのが悲しいところですが、頑張ります。

私は子供の時には平凡な家庭ながらも愛情豊かな家庭で育ちました。ですから、特定の道徳の無い人の影響を強くうけた事は全くないです。真面目な両親のもとで大切に育てられてきました。しかし、保育所や小学校低学年の時は人の気持ちがわからずに自己中心的だったので多少のいじわるを同級生にはしました。しかし、自分が逆にみんなから無視される立場になり、加害者から被害者に転落する過程で自分がされたら嫌な事は人にもしたくないという感情が湧いてきたように思えます。ところが、自分が理不尽に人からつらくあたられた時はそのつらさに負けて何も関係ない人を憎んだりしました。

私の人生は基本的には親や友人の愛情を受けつつも、色々なところでいじわるされて多少ぐれてしまったというような感じです。しかし、色々な本を読むうちにどのように生きるべきか明確な指針も持ちました。そして、私は人格者になりたいと思っていますが、非常に難しい事なのでまだなれていません。あくまでそのような私の意見ですが、基本的に人を愛して、愛される環境が豊かに整っている所（ここで言う、愛し、愛される関係は親が子供だけを愛するような狭い関係ではなく、親が最も手本となるのは当然ですが、親が子供も自分の兄弟も親戚も友人も、果ては無関係な人に対してもボランティアをするような幅広い関係です。）で育つのが一番大切だと思います。しかし、それだけでは駄目で愛される事が当然だと考えないためにも、人から理不尽に攻撃されて、そういった事が他人にも起こらないでほしいと考えるようになる事だと思います。その過程の中でその理不尽に耐えかねて、他の無関係な人を攻撃対象にしてしまう、ぐれるという現象も起こらざるをえないでしょう。そのぐれるが発達すると手がつけられなくなるので難しいところだと思います。自分を理不尽に攻撃してくる人間に対して憎むのは人間の性質として当然です。ただ、無関係な人を憎んでしまうのは問題でしょう。

理不尽な事を他人にされた時にぐれずに、他の人にもそういう理不尽な事が起こらないでほしいと思うにはどうすれば良いのでしょうか？それは自らに道徳的な指針を明確に持つような哲学や宗教が必要だと思います。愛し、愛されないと心の中に優しさが発生する基本要素が生まれないが、その中にどっぷり浸っているとそれが当然になり、自己中心的になる。といっても他人から理不尽な攻撃をされてしまうとぐれる可能性がある。難しい問題です。

私は個人的には孔子の論語をお勧めします。この本にもたびたび孔子の事が書かれていますが、日本人が昔から愛してやまない書物です。古代に朝鮮半島から伝わり、江戸時代には武士の基本道徳としての役割を果たしてきました。このような明確な指針を子供の時から親に教わっていたのならばぐれる人は少ないと思います。そして、明確な道徳上の指針が現在の日本にはないのが実に残念です。だから、日本人は中途半端にぐれている人が多いように感じます。

感情を調整し、正常な判断をする為に釈迦の中道をこころがける

ここで一つ適切な判断をする為に、自分を外的な環境から守り、適切な判断ができるような状況に置く、中道というものがいかに大切か詳細に説明しましょう。又、それは人格者になる事にも関係します。

例えば、麻薬という人間にとって強い快楽を与える物質があります。これを何回も吸うと依存性が強くなって逃げられなくなり、幻覚症状等が発生します。これは人間の性質です。もし、感情を調整できる事が非常に上手な人格者がこれを使用しても強い快楽や幻覚症状等とは無関係なのでしょうか？そんな事は人格者であれば、感情の調整でどうにかなるのでしょうか？嫌、私は難しいと思います。人格者も人間です。人間であるというのは外的に厳しい状況にさらされれば、どうしても感情が乱されます。自分の精神だけの問題と考え、切り離す事はできないです。このような極端な外的刺激に対してはいかに人格者でも自分の感情を調整する事は難しいです。そうすると判断が狂ってしまいます。適切な判断をいかにしようと思ってもできないです。

そのために中道を心がけるのです。人格者は自分が大切な判断をする時にはお酒を飲みません。もし、飲んだとしてもほろ酔い程度で泥酔したまま判断する事はありません。それは自分が人間だからと知っているからです。そして、極端に飢えている状況で判断する事も避けます。それは自分が人間だからと知っているからです。

つまり、この自分は弱い人間であると知っている事が重要なのです。自分は超人で修練すれば何でもできると思う人間に人格者はいないです。人格者は明確に自分の限界だとか弱さも知っています。だからこそ、それを避けるすべも知っています。自分がどのような状況では正しく物事が判断できないか、できるかを明確に知っています。

私はその事について、具体的にはこのように考えています。適度な温度で適度な満腹感と水分補給で酒や麻薬等の刺激物をまったくとっていない状態で、なおかつ、身体を風呂に入って清潔に保っており、過去の記憶等で感情が取り乱されていない時の静かな環境の中での判断を理想としています。この環境にできるだけ近いほうが適切な判断ができると思います。それは人格者も同じです。

そして、私には苦い経験があります。テレビや映画を見ると悪人が非常に素晴らしく描かれています。それも音楽やイメージを盛んに利用し、強力に何かを伝えてきます。若い頃はこれに洗脳されて正しい判断を失って、あのようなかっこ良い悪人になりたいと切に希望するようになりました。

しかし、あの時はまだ若かったです。本当に適切な判断はあのような音楽やイメージの影響下で、できるものではないと大人になって悟りました。ただ、あの時に判断が間違わなかったのはテレビや映画が所詮、私達に非日常を伝えているのにすぎないからです。あのような悪人はテレビや映画の世界だけで褒め称えられる存在であります。そして、現実の社会においては完全に浮ついた存在であり、その存在自体も社会で否定されます。ですから、テレビや映画が終われば所詮、幻想であり、幻覚であり、そのような悪人に実際になる事には徹底的な社会からの抑圧と親・兄弟・親族・

友人等からの徹底的な反対があり、実現する事はできません。だから、私は助かりました。もし、あのテレビや映画に描かれている悪人が社会の主流になり、非日常から日常に置き換わった時代であれば、私は道を誤っていたかもしれません。このような苦い経験があったからこそ、人間は外的環境に左右されればきちっした判断ができないという問題に非常に関心があるのです。

第7章　能力と中庸

第7章　能力と中庸

中庸と相対的基準

アリストテレスは中庸と能力が関係すると述べていました。ここではそれについて書こうと思います。能力が高い人間にとっては中庸であるのに、能力が普通の人にとっては中庸でない時も多々あります。つまり、これは中庸が誰からにとっても同じという絶対的基準ではなく、相対的基準であるという事を意味しています。絶対的基準ならば、その指標がはっきりすれば中庸というものは明確に理解する事ができますが、相対的基準であればそれはさらに難しくなってきます。何が中庸で何が中庸でないかはなかなか理解できる事ではないです。本人から見ても自分の能力は良くわからない時があるのに、他人から見れば尚更そうです。このように中庸という物は非常に難しいです。ではどのようにしたらよろしいのでしょうか？ここではその回答を書いていきたいと思います。

自分の能力について

やはり、まずは自分の能力について詳しく知る必要があると思います。自分の能力を知る事なしには中庸は成り立たないです。自分がどのような事が得意か不得意か理解しなければならないです。金銭の支払い能力は現状での財産を計算すれば理解する事ができます。そして、自分の身長や性別にあった体重もすぐに調べればわかり、痩せすぎでもない、太りすぎでもない中庸の体を目指す事ができます。すべてがこんなにとてもわかりやすければ良いのですが、世の中はそんなに甘くありません。靴のサイズやジーパンのサイズのように簡単に数字で割り切れるものは簡単に何が中庸かはっきりします。しかし、数字で明確にはわからない能力の場合は難しいです。

そして、自分の能力を理解しようとするにはどうしても実行してみて、理解するという作業しかないです。推論や理論ではどうしようもない点があります。では、自分の能力が全くわからないのですべての事を一からやってみないと能力がどの程度かわからないと判断すれば良いのでしょうか？いや私は違うと思います。みなさんには歴史があります。子供時代からの経験です。みなさんは子供の時からそろばんや習字や鬼ごっこや受験勉強や縄跳びや喧嘩等、色々な事を実際にしてきた経験があります。その中から自分の能力がどの程度か理解できるはずです。そこを基準に合わせれば良いと思います。又、その子供時代ではわからない能力は社会に出てからの実践で理解できます。（私は実践で自分が実行して納得するやり方を推奨します。実践なしの上司、先輩の判断や実践があっても上司、先輩の判断と自分の判断が異なる場合は自分の判断が間違いと思うまで、自分を正しいと思ってください。）

ただ、一番やっかいなのは子供時代や社会人時代から何もやってこなかった人間です。非常に無気力な人です。学校の授業を聴く事もなく、運動に夢中になる事もなく、社会にもでる事もないまったく未経験の人間です。こういう人達は自分の能力があまりわからないだけではなく、その能力自体も開発されていないので非常に難しいです。こういう場合は新たに色々な事にチャレンジするしかないように思えます。

複雑性と中庸

では、能力が明確にわかって中庸と感じる例をだします。例えば、ライオンに両親が襲われているとします。あなたは銃を持っています。勝てる可能性は十分にありますのでライオンに向かっていくのは無謀ではなく、中庸である勇気といえます。では、日本刀だったらどうでしょうか？それとも単なる包丁では？それとも木刀は？

ここら辺は非常に難しい問題です。きちっとした正答をだす事はできません。それはあまりにも沢山の選択肢があるからです。銃で勝てる能力があるのは経験的に理解していても。複雑性をもった場合は判断が難しいです。つまり、銃・日本刀・包丁・木刀によってどの程度が中庸である勇気かを判断する事は難しいです。人によっては単なる木刀でライオンに勝てる人もいるかもしれません。ただ、そういった事に解決方法はないと思います。私はそこについては概ね中庸であるという大まかな解釈ができれば中庸と判断しても良いと思います。そして、それは私が判断する事ではなく、皆さんが概ね中庸と考える必要があります。もちろん、その為の正しい判断には経験及び学問が必須です。

能力は中庸の質を上げて人格者へと繋がる

中庸にも質があると思います。例えば、力が弱ければ、家族が誰かに襲われていたとしても中庸の勇気で対応できる範囲は同じくひ弱な人間等になってきますが、力が強ければ、もしかしたら狼にも対抗できるかもしれません。これを考えれば同じ中庸の勇気だとしても、それには質というものがあると考察できるでしょう。

そして、能力が高くなればなるほど中庸の質も向上するのです。ですから、常にどんな分野においても自分の能力を磨き続ける事が自分の中庸の質を高める事に繋がると認識できます。中庸の質が高まれば、もちろん人間としての魅力も高まると考察されます。それは人格者に必要な人への深い影響力に繋がっていくでしょう。

そして、特にその組織で求められる能力が必要であるという事は間違いありません。どのような人でもすべての能力に優れているという事は考えられないです。だから、ある種の能力はなくても、ある種の能力が高ければ中庸の質が高まり、その能力が求められる組織や地域では人格者でしょう。しかし、その能力が必要なく、別の能力が必要な組織では人格者としては判断されないでしょう。例えば、信仰の厚い事が絶対に必須の組織ではその宗教の知識が必要になってきますし、勇敢である事が必須の地域には勇気という中庸の質を高める必要があります。そのためには体を鍛える必要があります。

すべての組織や地域で人格者として認識される条件を述べるのは不可能です。（優しさと経験及び学問と中庸・中道と大まかな原則は言えますが、中庸の質に関する能力面の詳細な条件は述べられないという意味です。）様々としか言うことができません。しかし、質の低い中庸では人格者としては認識されないでしょう。質の低い中庸＝低能力です。この事からも能力を高める事が中庸の質を高め、人格者へと繋がると考察できます。厳しいかもしれません。しかし、人格者にはいくら中庸があっても、質の高い中庸でなければならなく、その為には能力を磨く事が必須になってきます。

能力に不適切な感情と中庸

さて、状況が急激に変化して、能力が高まった事から今までの感情が不適切になったとします。結果、総合的に見て、中庸からはずれてしまった場合はどう対処すべきなのでしょうか？例えば、自分は昔、貧乏だったが努力して金持ちになった。しかし、その貧乏な時の癖がかなり染み付いており、貧乏な時には決して、「けち」でなかった行為が今の金持ちになった時点では「けち」と言われるような行為になってしまった。しかし、昔の感情が染み付いてどうにもならない。どのようにしたら中庸を取り戻せるだろうか？このような例は能力が高まった場合にでてくると思います。こういう場合には先程も述べたように感情面においてあまり中庸が取れていない証拠です。もし、お金に関しての「こだわり」と「こだわらない」というバランスがとれているならば、すぐに修正する事が可能です。経験及び学問もあまり必要がないくらい簡単な事例です。感情面での中庸がとれていれば、今のような状況の変化によって、変わる必要がある部分もすぐに調整する事ができます。しかし、状況が複雑になればなるほど経験及び学問が必要になってきます。これは常識から考えて当然の事と思われます。

どのようにして能力を磨くべきか？

では中庸の質を高めて、人格者に繋がる能力をどのように磨くべきでしょうか？私は能力を磨く事ができるものではあるが、個人的な才能も大きく関係してくると考えております。

この才能の部分は仕方ありません。才能に適した質の中庸を身につけるしかないです。しかし、才能という制約はありますが、努力すればどのような能力も伸びます。人として生まれてきた以上はこの能力を最大限に伸ばすべきだと考えております。

そして、この才能を伸ばすにあたって私は子供の時期が一番重要だと思います。将棋のプロも子供の時から将棋を始めた人達が殆どですし、ピアニストも同じくです。これは子供の時でないと極端に高い水準まで能力を伸ばす事ができないのを証明しています。考えてみてください。私達は日本語をまるで空気のように扱う事ができます。英語はできますか？普通に帰国子女でもなければできなくて当然です。それは絶対音感でもそうですし、当然です。子供は天才の卵です。大人になってからではどうしょうもない事が沢山あります。人生で一回しかないとても重要な時期です。

しかし、大人になってからも能力を磨けない事はないです。大人になって将棋を始めてもプロ棋士にはなれないですが、将棋が上手になる事は間違いないです。それはあらゆる分野に言える事です。そして、その中で上手になるには仕事もあるので無理に一日の間で長時間の努力をするような事はあまり奨める事はできないです。それよりも一日一時間を十年続けるというような方法が適しているように感じます。子供の時は能力開発に一日の間の内、長時間取る事ができますが、子供は長時間なる事はできません。子供よりも大人になってからの時間の方がはるかに長いのです。このような時間の長さを利用しない方法はないです。天才を作るのは子供の時、しかし、人生経験に満ちた、人の苦労も理解できる秀才を作るのは大人になった時と私は信じています。

第8章　人格者とそれと似た影響力

第8章　人格者とそれと似た影響力

人気者とは?

人気者という言葉があります。クラスの人気者、会社の人気者、テレビの人気者。これら人気者という言葉は非常に人に好印象を与える言葉です。みなさんはどのようなイメージをいだくでしょうか?人によってそれぞれ違うかもしれませんが、私は人から好かれ、愛される。そして、人がその人気者に集まってくるというイメージがあります。人気があるという事は、その人が人々に物理的及び精神的利益を与えているのです。だから、人々がその人気者と接触したがるのです。

私が見た人気者は面白く、快活な人が多いように思います。ですから、面白いので人がついていく、快活なので人が寄ってくる。このような感じです。確かにこのような人と一緒にいる事は楽しいですし、話も面白いので、心を元気にしてくれる要素を持った人達です。

しかし、こういった人は魅力を感じさせる要素は持っていますが、どうしても何かカリスマ的な要素が不足している気がします。このような軽い心地良さを感じるものではなく、もっと違ったものです。それに、人気者は人々に軽い支持を受けるだけです。本格的に人を魅了する要素はあまりないと思います。人気者と一緒にいたがり、話したがる人は沢山いますが、あくまでそれだけです。それ以上の何かがあるのが人格者との違いです。

カリスマ的な重み

人気者にはどうしても何かが欠けております。それはカリスマ的な重みです。カリスマ的な重みは人気だけでは手に入れる事ができない物です。その人気者は人間に対して軽い楽しみを提供してくれるだけの存在です。その中には何も深みはありません。そのような深みのないものは人間にとってちょっとした楽しみにはなりますが、それ以上ではありません。ちょっとした楽しみは人生にとってのチョコレートみたいな物であって、それは本当に重要な物にはならないのです。その証拠に人気者には人に対する重大な影響力は殆どないです。人気者の為に自分の利益を深く犠牲にしても何かをやろうとする人はいないでしょう。自分の利益を深く犠牲にして何かをするにはカリスマ的な重みを持つ人間の為でないと成立しません。人気者はあくまで周りの人間にとってピエロのような存在にしかすぎないのです。このピエロの影響力の弱さは読者の皆さんも直感的に感じると思います。

人格者と人気者の違い

そして、このカリスマ的な重みが人格者と人気者の違いを明確に明らかにする要素の一つです。人格者にはカリスマ的（宗教的）な重みがあります。この重みゆえに深い影響力を人間に与える事ができるのです。ですから、人格者の影響力は非常に深いものです。人生における哲学や宗教等の根幹的な価値に関ってくるものです。根幹的な価値に関るからこそ決定的な影響力を人々に与える事ができるのです。詳しく言うなら、人間の根幹的なアイデンティティーや正当性に関る事であり、愛等の重要な価値観に関係します。ですから、人格者は一種の宗教指導者のような威厳を持つ事ができ、ピエロとは全く正反対の存在と考える事ができます。しかし、人格者だけではなく、この世の中には軽い楽しみを提供するピエロが多数必要とされている事も確かです。世の中、宗教指導者のような人間ばかりでは息が詰まるような堅苦しい世界でとてもしんどいです。その為にピエロも重要な役割をしています。

なぜ重たいのか？

それでは、その重みを構成する物は何かを具体的に説明していこうと思います。その一つは人生に対する真剣な態度です。その真剣な態度が強力な重みを生み出すのです。その真剣さは人々が何かに導かれたい、何かを正しい価値として認めたいという願望に対応するように感じます。人間は普段は普通に生きながらも、本当にそのような生き方で良いのか？自分は本当に正しいのか？このままずっと同じような態度を取っていてもいいのだろうか？と感じているのです。常にそう感じているからこそ何かに頼りたいという強い願望を持っている。

普通の人間はそのような真摯な情熱をどうせ見つからないものだし、どのようにする事もできないものだし、難しいものであるから何となく普段の生活の中で、できるだけ気にしないようにしています。そして、そんな事を深く考える暇もありません。ただ目先の生活の為に必死に働くしかないというのがこの世の現実です。しかし、心の中では何とかしたい。特にそれを確信している誰かに導かれたいと思っています。

そして、その導かれたいという気持ちが人格者の中庸・中道と経験及び学問と優しさに反応するのです。人格者というものは中庸・中道と経験及び学問と優しさを確信的に正しいと信じている人達です。そこにはどうしても宗教的要素があるので人の生きるべき体系的価値観として人々に正しい生きる道を示してくれます。これが重みの正体です。

このような重みは人気者のピエロとは意味が全く違います。人々は自分の利益を犠牲にしても正しい事をしたいという強い願望を持っています。ですから、人格者は相手の利益を犠牲にさせるほどの深い影響力を与える事ができるのです。そして、これらの深い影響力は人格者だけではなく、もちろん宗教指導者も持ちえるものです。ですから、できの良くない宗教指導者が誤った教理を説いて、人々に大きな損害を与えます。カルトの宗教指導者がそれに値すると考えられるでしょう。宗教指導者が人格者であるという時も考えられる事なのですが、そういった一致が常に存在するというのはかなり無理があると考察します。

人格者と宗教指導者及びイデオロギー指導者

では次に人格者と宗教指導者及びイデオロギー指導者との様々な部分を考察していきたいと思います。共に人間に深い影響力を与える存在である事は間違いないです。そして、ともに確固とした体系的価値観を持っており、それを確信しております。

しかし、人格者は中庸・中道と経験及び学問と優しさといった美徳を体系的価値としており、それは宗教的な教理やイデオロギーではないので、様々な種類の人々が持つ事ができます。キリスト教の牧師も仏教の僧も持つ事ができます。又、そういった宗教指導者だけではなく、共産主義者や資本主義者や無神論者も持つ事ができる幅広いものです。そして、人格者のこれらの美徳の長所は特定の宗教指導者やイデオロギーに関係する事なく、その美徳には価値があり、違った宗教やイデオロギーの人々にも深い影響力を与える事ができる非常に素晴らしい特徴を持っています。

その点と違って宗教やイデオロギーは自分と同じ人間には深い影響力を与える事ができますが、自分と考え方が違う人間に対しては深い影響力どころか、強力な反発を生む可能性があります。つまり、影響力は強力ですが、その範囲は非常に狭くなってしまうのが弱点です。

そして、これらの事を総合し、考察すると人格者である宗教指導者やイデオロギー指導者であれば、他の考えが違う人々（他宗教・他のイデオロギー）にも影響力をある程度与える事ができる素晴らしい人になれると思います。人格的に優れていない人の違う意見は反発を生みやすいですが、逆に人格的に優れている人の違う意見は、反発は少なく、一理あるかもしれないと思われる確率が高くなります。

組織の役職

話はがらりと変わりますが、組織の役職という影響力を分析していきたいと思います。組織の役職、現代の日本で考えるなら会社の課長・部長といったポストになるのですが、こういった役職は常に会社人生の目標とされるものです。高い役職につけば高い給料が支給されて、人々に尊敬されて、影響力も持つ事ができると考えられています。それはそれで正しい事なのですが、それが人生の究極の目的と考えられると少し悲しくなってきます。組織の役職は会社において何かをする為に必要なので、その為にポストが欲しいとか、そういうのであれば、心の中に美しい心情を感じるので良いと思います。しかし、組織の役職自体が目標になっている事も多いと感じるのが寂しいところです。

後、課長になったから、部長になったからといって本当に人から尊敬されていると勘違いしている人が多くいるように感じます。影で部下は軽蔑していても、部下は自己保身と出世欲と世間の常識等から表面的に尊敬しているフリをしている事も沢山あります。これに気がつかなく、本当に部下は自分の事を尊敬していると勘違いしている役職者が多数いるように感じます。又、課長や部長になったからといって、自分の会社以外の人々にも尊敬され、影響力があると感じる人々も多数いるようです。その役職が他の会社の利益に影響を与える場合を除いては、あくまでも会社の役職は自分の会社だけしか、原則的に役立つことはないです。そういった事にも勘違いしている人々がいるようです。

人格者と組織の役職

人格者は組織の役職と違います。例えば、組織の役職は部下が自己保身と出世欲と世間の常識等から、本当は軽蔑していても表面的には尊敬しているフリをしている事が沢山あります。しかし、人格者はそのようなフリをされる事がないです。組織の役職は職務上必要なポストであって、その選考には多分に仕事の実績や管理職としての適正、人間関係、偶然、年齢、学歴、社歴等を考慮して選考されており、万人に同意されているようなものではないです。ましてや、その役職を手に入れる為に表面上の印象操作をしている人々もいます。そういう場合は裏表がありすぎてさらにその人の品位を下げて、部下に軽蔑されやすくなります。それは当然です。(表面的には尊敬されているが)、人格者は偽人格者を除いてそのような印象操作はしていてもモラルの範囲内に収まっています。ですから、部下からの面従腹背はされていません。しかし、組織の役職だけの上司は部下からの面従腹背を招く時があります。

そして、人格者は自分の会社の人だけしか影響力がないという事は考えられないです。自分の会社以外の人間にも深い影響力を与える場合があります。それは、力によって相手に影響力を強制させていないのが理由です。会社の役職は影響力を強制力によって保っている制度です。その強制力は社会的習慣やビジネス的な合理性等を基礎としています。強制力があるゆえに、強制力がない場所ではその影響力は殆どなくなってしまう可能性があります。又、職業上許される範囲でのみの影響しかありません。

しかし、会社の役職で恐ろしいのはその影響力の強さです。人格者の影響もその力には負けてしまう可能性が高いです。考えてみてください。あなたは人格者の言う事と会社の役職者の言う事のどちらを聞きますか？私は会社の役職者の言う事を聞きます。組織という場所は人に役割を与えると共に、同時にやってはいけない事を決めます。そして、それに従わないものは排除していくというシステムをきちっと持っています。排除されたくなければ、人格者の言う事よりも役職者の言う事を聞かなければならないです。そうでないとしても面従腹背の態度を取って、表面的には上司に従っているフリをしなければなりません。そのようなシステムの中では人格者の影響力は少なくならざるを得ません。もちろん、人気者も宗教指導者等もそうです。組織は目標に対して自分たちが定めた役職以外の権威・権力を認めないという非常に強い規則を持っています。それをもし認めてしまえば、みんながバラバラに行動するようになり、組織を維持できないからです。例えば、中学校の外国語の授業では殆ど英語が教えられていますす。そういう状況で、人格者が「今の時代は英語よりも中国語の方が実用的だ。」「中国は現在、大きな経済発展を続けており、いずれアメリカを抜いて世界一の経済大国になるのは確実だ。」と考えています。だから、今の時代は英語より中国語だと考えて校長の命令に従わなく、中国語を教えるようになっては組織が崩壊してしまいます。このような事態に陥らない為に組織は非常に強い規則を持っています。

このような規則をさらに分析していくと、個人を組織の部品に変化させるといえるでしょう。個人としての考え方や道徳や利益よりも組織のそれらを個人が目指すようになります。そして、個人が組織の利益を優先する為に、厳しい罰則だけではなく、美味しい飴もきちっと用意されています。もちろん、それは給料であり、社会的地位です。その給料や社会的地位を捨ててまで、人格者や宗教指導者等の言う事を役職者の命令より優先させるにはかなりの覚悟が必要です。そして、子供や妻の生活を背負っている弱いサラリーマンがそのような覚悟ができるわけがないです。殆どの人間は保守的で安定を望むように作られています。ですから、組織の影響力は非常に強いと考察できます。しかし、本当にモラルに反して、どうしても我慢できないなら組織から抜け出して、自分が正しいと思う人に従う人間がいるのも事実です。ここが難しい部分です。

しかし、ここも面白いところですが、会社の役職と人格者の両方を統合させる事は宗教指導者やイデオロギー指導者のように可能です。もし、これらを兼ねる事ができたならば、部下に面従腹背されて、影で軽蔑される事はなく、むしろ、本当に尊敬されるでしょう。そして、会社の中だけで影響力が限られる事はなく、社会のほぼすべてに影響力を与える事ができて、更には年齢をとって定年退職してからも尊敬と影響力を行使できる可能性もあります。

人格者はすべての役割や地位と兼務できる

今まで書いてきたように人格者はあらゆる役割や地位と兼務できます。これは非常に重要な事です。極端な話ですが、人殺しの盗賊であっても兼務する事が可能と思います。この言葉、「人格者である人殺しの盗賊」は矛盾するかもしれませんが、人格者も何か事情があって人殺しをしなければならない状況に追い込まれる事があります。例えば、昔の時代なら飢饉で食べるものがなくなった。餓死したくなければ盗賊になって食物を奪うしか方法はない。そのような場合の時にもできるだけ人は殺したくないが、手違いで人を殺してしまった。大変申し訳ないが、どうしても生きていく為には仕方がなかった。後悔の念でいっぱいだが、このような時代に自分を守るにはこのような方法しかない。私はこのように思っている人殺しの盗賊は人格者であると解釈できる可能性があると思います。このような人は平和で飽食な時代には高い道徳ある市民として正義の為に生きたと思います。腐った時代なので人殺しの盗賊まで自分の身を落とさなければならなかった事は哀れであると思います。もし、平和で飽食の時代になれば、彼は盗賊はやめるでしょう。

そして、私は彼に人間的な魅力を感じます。彼には優しさを感じます。又、そこに経験及び学問と中庸・中道があれば、完璧です。人格者と判断できるでしょう。このような人々は人殺しの盗賊であっても人格者を兼ねているでしょう。それは彼に盗賊仲間に対する影響力を与え、平和な時代になって、逮捕されても罪を軽くされる一要因にもなるでしょう。

第9章　人間観察によって人格を高める

第9章　人間観察によって人格を高める

人間観察

世界には色々な人間がいます。それを勉強しない事は非常にもったいないです。人間観察は自分の人格を高める基礎となります。例えば、北陸から関西にでてきた大学生が変わった人が多いですねと私に言ってきた事がありました。その時に私は「関西人と北陸人のどちらが変わった人が多い」と質問しました。彼は関西人と即答しました。そして、私は「世界では」と質問を更にしました。このやり取りからもう読者は理解する事ができると思います。彼は生まれた時から北陸で育って外の世界をあまり見た事がない人間です。このような人間は自分が生まれてから育ってきた地域の中を当然の常識と認識しています。ですから、外の世界を見ると変わった人が沢山いるように見えるのです。それは彼の経験の無さからきています。

色々な人間を観察すると、その感情の複雑さと豊かさに驚く事があります。又、その受け答えの内容の深さや機敏さから感動する事さえあります。人間観察は知恵の宝庫です。高い人格というものは鋭い人間観察から身につく部分も多いです。優れた道徳や知恵を持っている人間を沢山見つけてください。その中で自分が素晴らしいと思えるものはできるだけたくさんマネしてください。そして、優れた人間だけではなく、欠陥が多い人間も見つけてください。そういった欠陥人間を見つける事でどういう部分をマネしたら駄目なのか、それともどういう部分をマネすべきか、良く理解できるようになります。つまり、彼らは反面教師の役割を果たしてくれます。

相手の短所と長所を見つける

ここからは具体的な事柄に取りかかる事にしましょう。私がいつもよくやる方法は寝る時に今まで知り合った人々の長所と短所をまとめる事です。何も意識的に考えないで、長所や短所を見つけるという場合も多いですが、それだとあまり深く相手の事が理解できません。意識的に考える事で相手の長所と短所が言葉になります。そして、その理解の深さも相当な物になります。例えば、Ａさんは優しいと時間が増える事で理解できても意識的に考えなければ、どのように優しいのか？どれくらい優しいのか？それともある部分では厳しい所もあるのではないか？そういうものを深く理解する事ができないです。

又、なぜ優しいのか？という根幹的な理由も把握できなくなります。このような根幹的な理由を把握する事は人間理解を深める事で重要です。例えば、優しい原因が仕事上の理由で優しくすれば合理的なので優しくしているのか？それとも子供時代の習慣からなのか？または、宗教的な理由からなのか？単に他の人には厳しいが、自分にだけは特別好意を抱いているので優しいのか？という根幹的な理由が理解できるといっそう相手の深い理解に繋がります。これは重要な事です。

短所についてもこれと同じです。むしろ、短所についての深い追求の方がより効果があると私は考えます。先程も述べましたが、私はマイナスがないという事を非常に重視します。人間関係やその他の多くの事柄は長所がかなりあっても、大きなマイナスが一つあれば、それで、長所は何の価値もないばかりではなく、総合的にはかなりのマイナスという事が多々あります。それほどマイナスは大きな影響力があります。

カテゴリーで分類する

長所・短所を総合的にまとめた後に、カテゴリーで分類して整理するのも非常に理解を深めるのに役立つと思います。例えば、クラスの中で誰が一番リーダーに適しているのだろうか？とか一番優しいのは誰だろうか？物事に柔軟に対応できるのは誰だろうか？とかそういったカテゴリー分類です。もっと内容を面白く考えたいならば、戦国大名だったら誰が生き残る確率が高いだろうか？無人島で食料も水も何もなしに最後に生き残る確率が高いのは誰だろうか？とかそういうものです。こういった色々なカテゴリーで分類する事は遊び心もあって物事を深く追求するのに役立ちますし、非常に楽しいので長時間考えても苦になりません。これが私は結構重要な事と思います。無理に考えても、短時間しか考える事はできないですし、あまり鋭い深い発見をするのは難しいと思います。しかし、子供っぽい遊び心があれば、考える事が楽しくて、楽しくてたまらなくなり、ついつい長時間考えてしまったと言う事が多々起こります。そして、鋭くて、深くて独創的な発想に繋がります。

相手に積極的に質問する。

自分が他の人を観察する時において、相手に何の言葉もかけずにただ、観察するだけでは物事が良く見えない場合があります。その時は観察の一つの方法として相手に積極的に質問するというのが良い手段だと思います。特に相手が自分の事を得意満面で話している時がチャンスです。相手は心をオープンにしているので何でも言葉にでる可能性があります。その時は自分が気になる事を相手に徹底的に質問しましょう。自分のどこが嫌いでやめて欲しいのかというのも聞けるかもしれません。

言葉を使用しない観察では相手の中身が良く見えてこない時がありま す。それは中身を言葉以外のもので推察しているからです。言葉だけでは相手が本音を言っているかどうかわからないので駄目ですが、言葉も非常に重要です。言葉で理解するという事は相手の中身を明確に見られる可能性があります。その理由は言葉は詳細を語れるからです。相手の表情や空気や行動だけでは理解できない細かい事が明確に理解できるようになります。ただ、先程も言ったように必ずしも本音を語るとは限らないと言う事は大きな問題も起こりますので、それには注意しなければなりません。

他にも注意点としては質問する相手との人間関係がある程度良好でないと質問する事が難しい点にあります。質問する相手と関係が悪ければ、まともに質問に答えてくれる可能性が低くなります。それに非常に質問しにくいです。これらの欠陥がありますが、相手に質問する事は非常に重要な事です。

テクニックを観察する

高い人格を得る為にはテクニックを観察する事も重要です。例え人格者であっても自分の言いたい事や優しさを上手く伝える能力や人間関係を潤滑にする技術等に欠ければ、力を発揮できないでしょう。ですから、そういった側面を学ぶ事も非常に重要です。人間観察をしてみますと、色々なテクニックが飛び交っている時があります。そのようなテクニックを見逃してはなりません。見逃しては人間としての成長に損です。その中には道徳的にあまりよくないテクニックもありますが、モラルにあまりに違反しない限りで使用する事も許されると思います。ただ、すべてをテクニック論で解決するというのは不可能ですし、すぐにそのインチキが見抜かれてしまう可能性が高いです。一度見抜かれるともう信頼を取り戻す事はなかなか難しいです。

感動した事をまとめる

自分が人と接触するにあたって、少しでも感動した事をまとめるのは非常に効果があると思います。自分が感動するというのは、人も感動する可能性があるという事です。（必ずしもそうではないですが）そこには参考になる部分がいっぱいあると思います。

そして、感動をする事は自分がマネしやすくなるという事です。感動をするような体験をすると、自分も感動させるような人になりたいという強い意識が働きます。ですから、自分を変えやすくなるという良い点もあります。又、記憶にも残りやすくなります。私はいつも寝る時に色々な事を思い出して、考える事が多いのですが、昔の事だと記憶が薄くなってどうしても思い出せない事が多々あります。そのような時にでも感動した事は強く印象に残っており、記憶も思い出しやすいです。中には小学校時代や中学校時代にまで覚えている記憶もあります。

自分と人の違いを比較する

自分の立場を相手に置き換えた場合は自分ならどういう行動をとるかという事を考えると面白いです。例えば、人が怒っているのを見ると自分の価値基準ではあんなどうでもいいような事でなぜ怒るのだろうだとかを不思議に感じてしまいます。他にも、自分のジョークを相手がドン引きしていたのに、自分の事を相手が良く知るようになるとそれがジョークだという事がよく理解され、笑ってくれるようになった事がありました。つまり、他人と自分を比較する事で私はこれらの人間としての相違点を理解する事ができました。

これらの相違点を多数理解する事で人に対する理解の深さと寛容さが芽生えてくると思います。そして、人は同じような部分もありながら、まったく違う所もあると深く理解できるようになります。例えば、女性の好みが一番顕著な例です。私はAさんが綺麗といったのに周りの友人からブスとか目が腐っているとか言われた事が多々あります。私としては友人の方が目が腐っていると思っています。私はテレビやインターネットであらゆる美人を見てきました。街中で歩いていても誰が美人か常に見ているくらいです。私があのような素人に眼力で劣るわけがありません。（笑）当然です。

コミュニケーションと相性の相違

相違の中で最近、私が考えさせられたのは各人のコミュニケーションの方法の違いです。私の生まれた大阪では「アホ」という言葉は文脈によってはそんなにキツイ言葉にはなりません。しかし、他府県の人はそのようには取らないかもしれません。又、その他にも大阪人の言葉の使い方に毛嫌いする東北及び北海道の人達がいました。どうやら彼らにとって大阪人の言葉がひどく乱暴に感じるらしく、嫌がっていました。だから、私と話した時にはその言葉に抵抗なく、受け入れました。（私のイントネーションは大阪ですが、言葉遣いは大阪らしくないようです。どうやら両親が純粋に大阪で生まれ育ったわけではないのが原因だと考えられます。）このように自分と人の違いを比較する時にはコミュニケーションと相性の相違というカテゴリーを使用して相違点を考察すると非常に面白いです。私の人生経験の中ではこのような相違点は地域だけではなく、もちろん、会社にもありますし、クラスの仲間にもありますし、色々な部分に見られます。つまり、これらの事を理解する事はお互いが違うコミュニケーションの中で生きているし、相性も違うという事を理解できるのに繋がります。これらを理解する事が互いに違う文化を持っている個人がお互いを理解できる上で必要なのではないのでしょうか？異文化は日本と世界という枠組みでしか考えにくいという人もいるかもしれませんが、日本と外国程の相違点のように大きくはないですが、どうしてもある程度は日本国内でも違ってくるというのも事実です。その違いを理解する事で、もし、何か摩擦点ができても解決できるかもしれないです。

学んだ事を自分の中に取り入れる

最後に学んだ事を自分の中にどのようにして取り入れるかを述べたいと思います。学んだ事を取り入れるのは簡単に思えますが、実は非常に困難な事です。その理由は自分が普段の生活でしてきた事と違う事をしなければならないので、非常にエネルギーを使用するからです。普段から習慣になっているものは何となく努力しなくても簡単にする事ができます。しかし、習慣と違うものは非常に厳しいです。特に感情面に大きな影響を与える事はとても大変です。例えば普段から愛想よくできない人が、人間観察によって学んだので、急に人に親しげに話しかける事ができるでしょうか？私は非常に難しいと思います。

そして、その難しい物を突破できるのが気力と思います。気力があれば自分を変える事ができます。そして、その変えた事を何回もやっていくと、最後には習慣となって、苦にならなくなります。それがとても難しいのですが、自分を変えたいという強い意志があればできると思います。

第10章　テクニック論

第10章　テクニック論

テクニックとは何か？

　テクニックとは私は自分の人格をより高めて見せる為の小手先の技術であると考えます。しかし、実力を基礎としない技術なので小手先の手段とも言えるでしょう。ですから、小手先の手段では本当に高い人格から得られる影響力を持てる事はないです。その為に先程も述べたようにテクニックばかり重視すれば、いずれは正体がバレます。

　ところが、人格者でありながら、テクニックを重視するならば、その人格としての力はテクニックを使用しない場合と比べて非常に強くなります。高い人格を基礎としたテクニックが求められるのです。それは格闘技やスポーツに似ています。力とかスピードだとかの本質的な力がなければ、いくらテクニックがあってもあまり役に立たないものです。逆にテクニッ

クがなくても、力とスピードがあれば優秀な選手になれる可能性がありま
す。

そして、それらを統合するのが一番良い方法と思います。統合できなければ、優秀な選手になれても、超一流と言えるまでになるのは難しいと思います。皆さんには人格者でありながらテクニックを駆使する存在になっていただきたいです。

テクニックはモラル違反か？

もしかしたら、人の印象を操作し、好印象を抱かせるテクニックはモラル違反だという人もいるかもしれません。そういった人は正面で自分の人格を出す事で人に認めてもらう事が正しいのであり、工作は卑怯だと考えているのでしょう。そして、工作は自分の事を良くみせたいとか、影響力を強めたいだという動機にもとづくのでモラルに反する事と考えていると

思います。

しかし、私はそのような動機にもとづくテクニックをそんなにモラル違反な事とは考えていません。私は中庸・中道にもとづく事が正しいと考えております。その中でテクニックを一つも使用しない馬鹿正直さが高い道徳を誇るとはとても考えられないと思います。「人間は心が重要だ」という言葉を聞いた事があります。しかし、馬鹿正直に心が天使でも着ている服が何日も洗濯していないので、汚れていて、悪臭がするならば、その天使の心も人からは良く見えなくなります。つまり、その人は服を清潔に保ち、さらには自分に似合った服を着るべきでしょう。ですから、私は馬鹿正直さを認めないです。正直もある程度は大切な事と思いますが、馬鹿正直さは前に馬鹿という言葉がつくようにけっして良い事ではありません。バランスが重要なのです。しかし、自分の本来の人格よりもあまりにも高度なテクニックの使用はあまりよくありません。人にその部分を見抜かれて、軽蔑されてしまいます。自分の身長や体型にあった服（テクニック）を着なければならないです。そうしなければ、似合わないです。

テクニックに基礎的な思想は必要か？

ここでは、テクニックはなぜ思想に基づくのが非常に重要かを説明させていただきます。もし、テクニックが思想に基づかなければ、効果は薄いでしょう。テクニックはテクニックその物自体で存在していません。ですから、ある思想に基づかなければ、意味がなくなってしまいます。そして、ある思想が明確になれば、自分で考えれば、いくらでもテクニックを発想する事ができます。又、必要とされるテクニックは同じ部分もありますが、その人や組織の種類によって千差万別です。そのような特徴があるテクニックを完璧な物にする為にはテクニックがどのような思想を基礎とするか知らなければいけません。

テクニックの思想

　では、テクニックの思想について述べさせていただきたいと思います。非常に単純です。それは「常に人がして欲しい事を考え続け、実行し、その効果ができるだけ多数の人に及ぶようにする」という事です。重要な部分は「常に」です。そのようにしなければ、色々な状況があるので、それに対応して、常に好印象をキープし続ける事ができません。例えば、会社の同僚が営業から帰ってきて、暑そうだったら、手が空いていたら冷たいお茶を汲んできてあげるだとか、逆に寒そうだったら、熱いお茶を用意してやるというテクニックです。こういう事は非常に難しいです。相手の顔色を常に読んでいないとできる事ではありません。臨機応変が必要です。逆に、相手が何も暑そうにも、寒そうにもしていないのにお茶を用意すると相手は媚を売ってきているのではないかと警戒する可能性があります。人間の自然な優しさや気遣いからそのような行為ができなくてはテクニックとしての意味はなさないです。その為に常にというのが絶対に必要です。常にがなければ何も必要としていない相手にテクニックを駆使してポイントをはずしてしまう可能性が高いですし、状況の中で急にあらわれる好印象を獲得するチャンスも見逃してしまいます。ですから、常にがなければただの応用のきかない作業のような物になってしまって効果が見込めないです。作業という役割では駄目なのです。やらなくても良い事なのに、やってくれればポイントが上がる事でなければ意味がないです。

具体的なテクニックについて

ここでは私が今まで人生の中で多少なりとも学んだ具体的なテクニックを紹介します。

1、「人がしんどい時や気分が落ち込んでいる時や怪我をした時に気遣いの言葉をかけてあげる。」があります。これは私がされて嬉しかった事です。

私も色々な体験をしましたが、何か嫌な事があった時にそれに気がついて励ましの言葉をかけてくれた時には非常に心の中が温まりました。その他の例も更にだしますが、例えば、何か作業をしていた時に頭を何かでうった場合は「大丈夫？怪我をしてない？」と声をかけてくれるだけで少し癒された気持ちになります。又、この応用版ですが、営業の女性が会社に戻ってきた時に、彼女が特に元気がなさそうだと感じた時には残業させずに定時にあがって良いと私の会社の上司が言ったりした事が非常に勉強になったと思いました。このようなテクニックは役に立つと思います。

2、「人が欲しい物を取ってきてあげる」があります。例えば、私が会社の中でホッチキスの針が足らなくて、会社の事務にもらいにいった時に、先輩の分まで自発的に取ってきたりした事などがそれに値すると思います。（その業務はホッチキスの針がなくなりやすいのでそういう事は特に喜ばれました）又、ある高い天井に電気コンセントをさす業務が仕事の一つとしてありましたが、この時に身長が女性より低い男性がこの業務をやろうとした際に、女性がその男性に率先してこの業務を代わりにやろうとした事もそれに値すると思います。その男性は女性に対して恋心を含んだ好印象を抱いたようです。）その他にも、会社でポットの湯がなくなりそうになった時には自分が一番先にポットに水を入れるだとかがそれに値すると思います。そして、この一番の好例と思えるのが、売り上げ成績の冴えない社員が人事部に給料の申請関係の書類等を出すのをすべて取りまとめて処理する事で、みんなに感謝されていた事例です。

3、「人との間に最低限の距離を作る」というのがあります。どんなに親しくなった人でも絶対に触れられたくない事や最低限守ってほしい礼儀だとかがあります。しかし、とても親しくなると、人の心の奥底にある触れられたくない事にも平然とふれ、守るべき礼儀も守らない人がいます。なかには親切心から助言しているのだから絶対に触れられたくない事でも触れる権利があると錯覚している人もいます。特に人の事をなんとかしてやりたいという親切心をもった人とでもいうべきでしょうか?

人にはどうしても守りたい自尊心があります。ですから、親しくなったという事だけで自分の都合や考え方でその自尊心を侵すことは良くないと思います。適度な距離を保ちつつ親しい交際を続けるのがベストと思います。しかし、最低ラインの距離ではなく、距離を作りすぎるのも問題です。ある程度親しくなったら、距離を埋める事も重要です。つまり、バランスが非常に大切だと思います。
4、「悪評がある人間に対してでも、自分でそれが正しいか確認する」があります。私は中学生や高校生の時は悪評がある人間に対して、その噂が真実かどうかを確認せずに対応していました。ですから、悪評がある人間に対しては、真実も確認せずに本当に悪人であるかのような振る舞いをしました。しかし、本当はその悪評が誇張されたものだったり、悪意のある人物からの悪い中傷だったりする時もあると経験でわかりました。そして、単なる相性の問題から嫌われているだけやその嫌われている人間を利用して、自分の地位を高めようとする下劣な人間も一枚噛んでいる時があるのも理解できるようになりました。おまけに、悪評は一人の人間に集中する可能性を秘めています。どのような人間も少しぐらいの悪は持っています。それが見えないくらいに一人の個人に悪評が集中するのです。他の人間と殆ど同じくらいの小さい悪しかもっていなくても一人の個人に偏る傾向はあります。

私は昔、気がつかなかったですが、そのような悪評のある人間でも実際に話すと、先程書いた理由や相性の問題で友達になれる事もよくあるのです。私が中学校、高校時代には偏見が強くてそれができないので、道徳的にも大きなミスを犯してしまいましたし、友人関係でも大きな損失をしてしまいました。だから、今の私なら必ず自分自身で悪評がある人間は本当に悪人なのかどうかを確認します。しかし、露骨に反社会的団体の一人と思われる場合は近寄らないほうが懸命な時もあります。相手を知ろうとする事で事件に巻き込まれてしまう可能性があるからです。

5、「くだらない嫉妬心は抱かない」があります。嫉妬心は強烈な感情です。親しい友人の将来に対してでも完全な破滅を望むような非常に汚い感情です。おまけに、嫉妬しても自分が成長するのではなく、自分が非常に疲れるだけです。さらには人間関係を完全に破壊してしまうという効果もあります。ですが、これがなかなか難しいのも事実です。特に相手が殆どズルのようなやり方をして努力せずに地位や名誉や金銭を得たときは自分の心の中で止められないくらいの嫉妬心が沸いてくる時があります。

おまけに嫉妬心が努力に向かう事はあまりないです。目標とか夢とかそういった自分を成長させるものは努力に向かうのに非常に効果がありま す。嫉妬心は努力して自分が上がろうとするより、相手が下にいく事を強烈に望みます。自分が全体的にどのような位置になろうがかまわない、特定の相手が自分より下になればいい。具体的に言うなら、卑劣な犯罪をおこなって特定の相手が最下層になれば、自分が日本という集団の全体的な位置で下になっても満足だ。つまり、自分より幸せな人間をナイフで刺し殺して、死者にしてしまえば、自分は刑務所に犯罪者として服役してもかまわないという感じです。

このような感情はすぐにでも止めた方がいいです。嫉妬するよりも、努力する事に向かいましょう。その方が健全です。どうしても相手の向上に矛盾を感じる時でも、嫉妬はよくないです。嫉妬せずにその矛盾を努力によってなんとか直したいという明るい願望に変えましょう。私もこの嫉妬という感情に苦しめられて、どうしようもできない時もあります。しかし、徐々に克服できるような気がしています。なかなか難しいものですが。

6、「自分の話に夢中にならず、相手の話をよく聞き、考えながらしゃべる事」があります。これも私がなかなかできない事ですが、できたら非常に良いなと思う事です。しかし、読者の皆さんには少しでもテクニックを知って欲しいので述べさせていただきます。人間はみんなしゃべる事が好きな人が多いです。ですから、相手に気持ちよくしゃべってもらって、こっちが関心をもって良く聞く事が人間関係の極意かもしれません。関心を持って聞かないと相手がこっちの話をきちっと聞いてないと思って怒りだす時もあります。ですから、相槌だとか、相手の話の内容に質問する事も重要です。

そして、こちらがしゃべり続けるのは良くないです。人間関係である以上、自分もしゃべり、相手もしゃべるという会話のキャッチボールが必要なのですが、自分のおしゃべりに夢中になって何も考えずにしゃべるのは良くないです。僕も癖になっているので、よく失敗しますが、自分が楽しくしゃべっているからといって相手が楽しく聞けているかは別の事です。

相手がイライラして聞いているだけなのに社交辞令上、楽しく聞いているフリをしている場合もいくらでもあります。例えば、会社組織で上司の言葉を楽しく聞いているフリをしている人も沢山いると思います。私も上司の言葉を楽しく聞いているフリをした事があります。何でも楽しく聞けるのが私の長所なので、あまり楽しくない話でも精神的に問題はないですが、好き嫌いが激しい人ならとてもしんどいでしょう。特に相手の知らない事を長々と語る事は厳禁です。私の高校時代にプロレスが好きでプロレスの事ばかりしゃべる人がいました。私はプロレスについては殆ど知りません。そうなのにマニアックな選手名だとかの色々な用語を使用して話してきます。これは非常に良くないです。他にも小さい女性の前で長身のモデルのような女性が好きだと言うとか女性の前で他の女性が綺麗だとほめ過ぎるのもよくありません。

ですから、基本は相手にしゃべらせる事です。相手に楽しくしゃべってもらうために考えながら相手と話すというスタンスが人間関係を構築するのに一番良いのではないでしょうか？そして、その時にはしゃべっている相手が楽しそうだとかの空気を読む必要があります。自分が楽しくしゃべるという事が中心になってはいけません。あくまで、自分が楽しくしゃべるのはおまけです。自分も楽しくしゃべれると最高に違いないのですが、すべてが上手くいくとは限りません。

おまけに、無口な人にしゃべってもらうのにはどのようにしたら良いのか全くわからなくなる時があります。このような場合は非常に困ります。相手がどのような事に興味があるかを聞き出し、相手の普段の生活を聞く事で何に興味があるかを予想しながらしゃべるしか思いつきません。私はお互いの沈黙が嫌いなので、できるかぎりしゃべりますが、こういう無口の人は沈黙が嫌とは思ってないかもしれないです。

最後に、相手を中心にして考えながらしゃべる事はしんどいと思います。

しかし、私はそれができる人間を何人か見てきました。努力してできるようになったのか、自然とできるようになったのかはわからないですが、それをしてもどうやらしんどくないようです。もはや習慣となっているような感じがします。それについて私は努力で習慣まで持っていけると思います。大変な事ですが、身につける価値はあると思います。
7、「人間関係を形成してから、相手を叱り付ける。それも明確に理由を言って、限度を超えない。」があります。人間関係を形成していない状態で人を怒ると恨まれる可能性が高いです。私は教員免許を持っているのですが、その教育実習の時にベテランの先生が、私は児童との人間関係が形成されるまではできるだけ怒らなかった。人間関係が形成されるまで、怒るのはできるだけ控えたと言っていました。これは正しいと思います。人間には相性があるのでどうしても嫌いな人間ができるのは仕方ないです。しかし、人間関係をできるだけ沢山の人と形成してから怒るのであれば、恨まれる可能性は少なくなります。おまけに攻撃していると思われないので、その指示に従ってくれる可能性が高まります。しかし、人間関係を形成しないで相手を叱り付けたならば、相手はそれを正しい事と思わないでしょう。そして、私が嫌いなので攻撃してきたと解釈するようになったら、大変です。相手は常に復讐を考えるようになります。これは避けなければなりません。

それに加えて、叱り付ける理由を明確に述べる事も重要です。理由もなしに叱り付けるならば、相手は何で怒られているか理解できない時がありますす。そういった場合は怒られる理由がわからないので、たとえ人間関係が形成されていたとしても、上手く機能するかどうかわかりません。しかし、人間は理由があれば納得するものです。納得すれば思い改めるものです。人間は感情的な存在でもあり、知性的な存在でもあります。ですから、感情面を人間関係で満たしてやり、知性面を理由で満たしてやると叱っても恨まれなくて、指示に従ってくれる可能性が高まります。

さらには叱りつける程度も重要です。重大なら罰も重く、軽微なら罰も軽くしなければならないです。そうでないと合理的な説得力は生まれないです。例えば、あなたが万引きをしたとしましょう。そして、他の人は同じ時に銀行強盗をして一億円を奪いました。その後にすぐ二人とも警察に捕まえられて裁判にかけられたとしましょう。それで判決があなたに懲役十年でもう一人は懲役一年とします。どうみても不公平と感じますよね。

ですから、叱り方の重軽は非常に重要です。あまりにも些細な事を激怒して叱り飛ばす事や非常に重大な事を丁寧に言葉で注意を喚起するのは両方避けるべきです。周りから見て叱り方が合理的でなければなりません。そうでないと怒られた人もそれを周りで見ている人も納得できないでしょう。それと軽重は自分の判断だけではなくて、自分と一緒にいる人の価値観も尊重した形で処理しなければなりません。独断はよくないです。

あとがき

私がこの本を書きたいと思ったのは人間的魅力を感じるのはどのような人間か？という事を明確にしたかったからです。今まで私は尊敬できるような人格を持つ人に何人も出会ってきました。その中で彼らに共通している要素はどのようなものかというのを何年も頭の中で考えてきました。そして、それが現実問題の人間関係の解決にも役立つと思っています。

最後に、この本では紙面の関係から具体的なテクニックについてはあまり書く事ができませんでした。しかし、テクニックは世の中に無数ありま す。色々と努力して習得してください。もし、人格者がテクニックを極めれば効果はとてもあります。鬼に金棒といった感じでしょう。

人格を磨くすすめ（人間関係改善）

著者　松本博逝

２０１５年12月１０日初版発行
発行者　岩本博之
発行所　ロックウィット出版
〒５５７－００３３
大阪府大阪市西成区梅南３丁目６番３号
電話　０６－６６６１－１２００
装丁　岩本博之
印刷所　ニシダ印刷製本
製本所　ニシダ印刷製本

ISBN978-4-9908444-0-0

著者プロフィール

松本博逝

１９７８年１１月２９日に誕生

１９９４年大阪市立梅南中学校卒業

１９９７年上宮高等学校卒業

２００２年関西学院大学法学部政治学科卒業

松本博逝はペンネームである。趣味は読書、人間観察等。